MW01627722

Confesión de un sicario

Juan Carlos Reyna

CONFESIÓN DE UN SICARIO

El testimonio de Drago, lugarteniente de un cártel mexicano

Prólogo de
ROBERTO ZAMARRIPA

Grijalbo

Confesión de un sicario
El testimonio de Drago, lugarteniente de un cártel mexicano

Primera edición: febrero, 2011

www.rhmx.com.mx

Comentarios sobre la edición y el contenido de este libro a:
literaria@rhmx.com.mx

ISBN 978-607-310-268-1

Impreso en México / *Printed in Mexico*

Índice

Índice

Prólogo

Sicario, la palabra nos era ajena y ahora resulta propia, casi patentada. El sicario es algo más que el hijo del abandono social o criatura de la crueldad criminal. Como figura individualizada de la violencia extrema adquiere sentido no sólo por la posibilidad de ganar un dinero a partir de una acción asesina, sino por constituir un eslabón clave de la cadena de poder que permite la reproducción, relativamente eficaz, de los distintos negocios relacionados con la criminalidad organizada.

Sin sicario no hay amenaza consumada. Más vale que sea un muchacho de ruta efímera que no tenga tiempo ni ganas de entender las razones de la vida. La eliminación del contrario, en el marco de la desenfrenada pelea del crimen organizado y su presunta contraparte —el aparato de Estado— es el paso necesario para garantizar la apropiación de la riqueza y del territorio. El sicario es el encargado de cumplirlo.

La violencia extrema que ejerce es una violencia de aniquiliación, de supresión de la existencia —la inexistencia del otro— como la manera rápida de acumulación de ganancia, de territorio y por ende, de poder.

Los sicarios actúan bajo esa instrucción. Dejarán la zona de la escasez y de la anemia para escalar, vía violencia extrema, hacia la zona de la abundancia y el exceso de poder. Y saben que eso dura poco, como el instante de jalar el gatillo o soltar el batazo homicida.

Como fenómeno de poder y de dominio el narcotráfico busca el control total del territorio, de las puertas de entrada y de salida de la droga, de los pasillos para comerciarla, venderla, trasladarla y diseminarla a gran velocidad y con sigilo.

Su lógica por tanto es mandar o morir, dominar u obedecer. Y el ejercicio de su poder se sabe efímero e incierto. Puede ser el poder de muchos sexenios o de unas cuantas horas. Lo saben los capos y lo saben los sicarios. Los sicarios buscan atrapar esos instantes de poder. Qué más da, una hora, unos días, cinco años. Una bala o una ráfaga, miles de disparos ciegos o un tiro de gracia.

No tiene tiempo ni instrucciones para negociar o mediar. Su tarea es una: aniquilar.

En la guerra mexicana la violencia extrema configura ahora la forma suprema de definición de asuntos públicos ante la imposibilidad de resolverlos por las vías institucionales. Ni el Estado ni sus instituciones fungen como árbitros o reguladores, menos inhibidores, de las acciones ilegales del crimen mismas que se expanden hacia el control prácticamente total de la vida de la comunidad.

El pescador impedido a salir al mar porque está ocupado por las cargas indeseadas; el campesino obligado a sembrar lo que la mafia indique; el abarrotero sometido al pago de la cuota que lo coloca en la quiebra; el migrante que paga por malpasarla en las estaciones de paso en su ruta hacia Estados Unidos o que queda inerte en las matanzas atroces. El empresario rendido a los cobros criminales, a la amenaza de los plagios, a la infiltración en sus negocios.

La violencia criminal, junto con la violencia institucional, se convierte en la última, y a veces quizás la única, manera de dirimir los gobiernos de los territorios, las posibilidades de convivencia social, los derechos de admisión.

El sicario asegura esa lógica de supervivencia de las ganancias del crimen en el tráfico de drogas, en el cobro de derecho de piso, en la obtención de rescates de secuestrados, en el asalto. Decide así los asuntos públicos que la autoridad ya no puede dirimir. Atrapa los instantes. Los hace estallar.

***

Confesión de un sicario, de Juan Carlos Reyna (Tijuana, 1980), abre la puerta de ese infierno y desde el fuego reconstruye voces de barbarie y penitencia. En la voz de Drago describe el herraje del patíbulo y los afluentes del río de sangre que inunda a comunidades mexicanas.

Reyna amplifica la voz para oír el concierto del estruendo. Ráfagas y golpes, la incontinencia verbal como rifle automático del desprecio, el amasijo de quienes persiguen y quienes dicen ser perseguidos o el amasiato de las autoridades con los transgresores. Suenan y hablan todos los ruidos y las voces a la vez. Son parte del mismo concierto del cadalso.

La voz de Drago alude al fin del siglo pasado cuando las versiones de los cárteles no adquirían la notoriedad de la primera década del siglo XXI. Es la descripción del origen de la extrema violencia de la guerra mexicana.

El testimonio aporta los datos adicionales que se suponían o se intuían pero que la autenticidad del relato certifica.

Los sicarios y los policías acudieron a la misma escuela; los soldados y los matones compartieron instructores e imitan mutuamente destrezas y mañas. También las formas eficaces para doblegar con el castigo.

Dónde se han educado los sicarios si no es en las técnicas del dolor y la crueldad de las policías, reconvertidas por la criminalidad con la dosis de resentimiento social y venganza.

La historia de la crueldad contra el enemigo no ha sido escrita solamente por la pólvora criminal. La guerra sucia de los años sesenta y setenta del siglo pasado fue pródiga en incidentes de sadismo y brutalidad. Las desapariciones en el mar o en los pozos de comunidades de Guerrero fueron algo más que leyenda. Todo valía en la defensa del régimen de la Revolución mexicana amenazado por las "hordas de los comunistas". El arrasamiento de comunidades rurales, la violación de las mujeres, el levantamiento indiscriminado de pobladores para torturarlos, destrozarlos, y exigirles las confesiones inconfesables, se convirtió entonces en el modo de operación aceptado y en la escuela de impartición de justicia que acumuló en sus aulas a centenas de muchachos desaparecidos, otros tantos asesinados y miles de familias deshiladas.

Hoy asusta la crueldad de los sicarios cuando la violencia institucional, la violencia del Estado, trazó el escenario de las torturas más allá del *tehuacanazo*. Los policías modelo de entonces ascendieron por sus oprobiosos méritos en campaña para convertirse, en algunos casos, en los capos de los nacientes cárteles.

Un sicario, por tanto, no es únicamente un hijo del abandono social o de la desintegración familiar. Su deserción escolar fue suplida por los cursos intensivos en las academias militares o policiacas. Su crueldad tiene manual y no obedece instintivamente a la monstruosidad de un poder exógeno (el narco) sino a la imposición de un modo violento de resolver los asuntos públicos.

La guerra mexicana no es una clásica acción de fuerzas del bien contra los malditos criminales sino tiene más ingredientes de una batalla fraticida entre quienes se conocen desde pequeños, entre los desertores y los graduados; entre los leales y los traidores.

Es una batalla emanada de las entrañas de los aparatos de seguridad del Estado: la realidad lo marca con sus siglas, Dirección Federal de Seguridad (DFS) como promotora de los liderazgos de cárteles, los grupos de operación especial castrense (GAFES) para constituir a *Los Zetas*, los elementos de la AFI o de la Policía Federal como elementos de las bandas criminales, o los policías municipales que riñen contra los policías estatales cada uno en defensa de cárteles diferentes.

No en balde las acciones criminales se hacen con uniformes policiacos o militares. No siempre es camuflaje sino la meritita realidad. Pero esa batalla fraticida desbordó a las instituciones en pugna y a los territorios en disputa. La guerra declarada en 2007 desde la Presidencia de la República rompió las reglas de cohabitación establecidas y no ha repuesto los términos de convivencia entre el crimen y las instituciones que por décadas mantuvo bajo tolerancia al narcotráfico. O dicho de otra forma, la violencia declarada —y ejecutada— no ha remplazado los términos en los que debe desarrollarse la relación entre policías y delincuentes. Debería ser la ley. Pero no lo es. Disueltas las acciones mediadoras de la autoridad estatal, y rebasadas las acciones punitivas y ordenadoras del aparato gubernamental, prevalece la otra ley o la otra norma; desde luego consentida y hasta estimulada por autoridades y uniformados cómplices.

Siendo una batalla fraticida, sus gladiadores destilan resentimiento, odio contra el traidor o contra quienes les han impedido asentar sus poderes.

Las leyes duras que penalizan con un siglo de prisión a los delincuentes y las propias cárceles como centros de retención y sometimiento de los transgresores, no han funcionado para desaparecer o siquiera frenar a la violencia. Se han convertido, quién lo dijera, en reproductores de la lógica de la violencia extrema. Las cárceles son los dormitorios que le ahorran el pago de literas y viandas a los criminales.

Hoy la amenaza para el transgresor de reglas no es la cárcel del Estado sino la mazmorra del narco. Los sicarios y los capos tienen más miedo a ser traidores al narco que transgresores de las leyes instituidas. La amenaza es la ejecución no la reclusión. Porque lo que impera es la ley del crimen no la ley del Estado. La ley del Estado castiga con penas tipificadas en los códigos y encierra a quienes cometen delitos. Los políticos con cargo de conciencia buscan todas las fórmulas posibles para elevar las penas y con ello engrandecer la amenaza y el chantaje: entre más mal te portes mayor será tu castigo. Asunto que parece tener sin cuidado a los delincuentes porque la ley del crimen simplemente traslada las pérdidas y el desgaste en las instituciones hacia las zonas de decisiones criminales.

La negociación y la mediación que no puede imponer el Estado se ha trasladado al ámbito de decisión de los delincuentes. Se negocian territorios, pasos de mercancías e incluso las penas corporales. Plata o plomo son las divisas. Y las imponen los jefes criminales, antes que los jefes policiacos o bien mancomunadamente, pero con un criterio dominante, el del criminal.

Antes la distribución de asignaciones en la cadena criminal se hacía desde el Estado. Pero esa cadena de mando se perdió.

Juan Carlos Reyna lo explica a partir de la recreación de diversos incidentes en los que policías y ladrones hacen causa común, hasta que los jefes criminales trastocan los convenios. Reyna, en la voz del sicario Drago, describe crudamente la escena de una comida pactada entre un capo (denominado como Elefante) y un alto funcionario de la PGR (nombrado como Licenciado Ballena):

> [...] Tú sabes de qué se trata mi negocio, así que nos ahorraremos pagarte una puta botella de vino; es más, nos vamos a ahorrar esta puta comida, me voy a ahorrar ver tu pinche cara de mongol yendo directamente al pinche grano: a partir de ahora trabajas para mí. ¿Me oyes? Tú eres mío. Dejé que me conocieras nomás para que sepas quién es el verga. Dejé que me conocieras para que sepas quién es tu padre, pinche chilango maricón de mierda. Sé que mi gente ya habló contigo y te dijo qué hacer. Sé también que mi gente ya te dio tu dinero. Ese dinero salió de mí, pinche joto de mierda, no lo olvides, tú comes de mi mano.

La ruptura que ha marcado el destino de la impunidad y de la crueldad. La mano que da de comer, la mano que reparte, la mano que quita, la mano que estira el dedo para señalar o para jalar el gatillo, la mano que indica, la mano que aprieta. El manotazo que invirtió los términos del arreglo. La transición de fin de siglo: ahora mandan ellos. Ellos ordenan, gobiernan, deciden. Desde el menú hasta el trasiego.

Pero no todo es salvaje o primitivo. El sicario y/o el capo, tienen en su horizonte una zona de mediación: convertirse en testigos protegidos. Entran a una franja de entendimiento con la autoridad cuando quedan contra la pared.

El testigo protegido es el poder de los secretos. Un poder que permite reinventar los límites. La autoridad supone entonces que puede volver a dictar reglas o dictar hasta las declaraciones ministeriales para incriminar a quien se le dé la gana. Es la misma cofradía en una figura pervertida.

Las confesiones no divergen sino cambian de sitio, auditorio y propósito. Los secretos del sicario y los secretos del testigo protegido, obviamente, son los mismos y adquieren su valor dependendiendo del rol del procurador. En ambos casos, dichos secretos son etiquetas invaluables de protección o de inculpación. Pero la desgracia para el sicario o para el testigo protegido será la misma apenas abandone a sus socios. Siempre serán eslabones invaluables pero también desechables.

Juan Carlos Reyna logra articular las voces del sigilo y la crueldad, del castigo y el delirio, que convergen en la vida de un sicario. Acostumbrado a la mezcla de sonidos en sus faenas musicales y en la fusión de ritmos y emociones, Reyna logra en *Confesión de un sicario* una simbiosis particular entre la tortura y la nostalgia, lo efímero y lo perenne, entre el tormento y la rendición, entre el gozo y el arrepentimiento. No lo hace para redimir; simplemente logra describir, conecta los audios y mezcla las voces, los sonidos, los ruidos y los estruendos.

Fiel a su estilo, Reyna consuma el ensamble de una confesión y una reconstrucción. Susurros de desastre, contados en voz baja que transcurren en medio del aturdimiento de los castigos y la aniquilación. Reyna delinea el círculo vicioso de la criminalidad mexicana. Todo cabe en un *pocito** sabiéndolo acomodar. Todo cabe en un paisito, sabiéndolo destrozar.

ROBERTO ZAMARRIPA

* Dícese de un método de tortura policiaco que consistía en sumergir en un excusado al detenido para ponerlo al borde de la asfixia y obligarlo a confesar.

Advertencia

Esta obra reúne las memorias de un hombre que trabajó como asesino para una organización criminal dedicada al narcotráfico. Drago, como será nombrado para no revelar su identidad, aceptó reunirse conmigo en nueve ocasiones. Antes de nuestra primera conversación, aclaró que me vería porque pretendía criticar públicamente el Programa de Testigos Colaboradores de la Procuraduría General de la República (PGR), al que perteneció durante nueve años. Sin embargo, al final de nuestro segundo encuentro, Drago confesó que hablar sobre sus ejecuciones lo tranquilizaba. Aparte de sus declaraciones como testigo, jamás le había contado su pasado a nadie, y eso para él era como vivir "en el infierno". Había asesinado a sueldo, y al platicar conmigo acerca del asunto, dijo, descubrió que sentía paz. Aseveró que deseaba no sólo olvidar dichas ejecuciones, sino dejar de matar y comenzar de nuevo su vida. Una parte de él quería pedir perdón, pero no sabía cómo, hasta que habló. Hablar, como si se tratara de una cura verbal, le permitió a Drago reconocerse en algo más que su pasado.

Drago escribió muchos de sus recuerdos mientras pertenecía al Programa de Testigos Colaboradores. En este libro se hallan versiones editadas y corregidas de esos apuntes. Aunque la voz del narrador le pertenece a Drago, la mayoría del contenido fue escrito por mí tras nuestras conversaciones. De igual modo se incluyen descripciones minuciosas de torturas y homicidios, así como las reflexiones contradictorias del asesino que los cometió. Lo que se omite es un juicio moral acerca de los hechos, personajes u organismos aludidos. El único fin es dar voz al infierno de un sicario.

JUAN CARLOS REYNA
16 de septiembre de 2010

I

La noche que ejecutamos al licenciado

Lo único que sé hacer es matar.

Fui sicario y primer lugarteniente de un cártel mexicano dedicado al narcotráfico. Dejé de ver a mi familia a los doce años de edad, cuando me hice malandro. Durante un tiempo robé carros y a los quince años empecé a secuestrar. Fue por este delito que me metieron en el Albergue Tutelar de Menores Infractores. Ahí conocí al hijo del comandante de la entonces Policía Judicial del Estado, con quien terminé de madrina. Entré en un grupo especial denominado Política Criminal y Combate a la Delincuencia Organizada. Poco después de un cateo realizado por este grupo, se me invitó a jalar para una de las organizaciones criminales más pesadas del norte de México. Al principio mi trabajo consistía en matar, luego escalé a jefe de sicarios. Llegué a tener a mi cargo hasta cien pistoleros.

No sé a cuántas personas maté, pero sin duda fueron las necesarias para mantener mi lugar dentro del cártel. Lo más que llegué a cobrar por una ejecución fueron cincuenta mil dólares. Los asesinatos comunes no se piensan, son enfrentamientos sin premeditación, pero que las ejecuciones estratégicas se planean durante mucho tiempo, con información recabada desde antes. Como todos, yo también me equivoqué haciendo mi trabajo: una vez, sin quererlo, clavé al gemelo de un abogado. Podría decirse que por el mismo dinero maté dos veces a un mismo objetivo. Los accidentes son inevitables: basta con parecerse a alguien o estar a la hora equivocada en el lugar equivocado, estar, por ejemplo, en el estacionamiento del aeropuerto de Guadalajara, en un auto propiedad de la Iglesia pero muy parecido al de un importante narcotraficante.

No hay mucho pedo en cumplir con una ejecución, a menos que se tengan órdenes específicas. Aunque es muy pronto para decirles cómo se ejecuta a un traidor o a alguien al que se le debe hacer sufrir, sólo quiero adelantar que se les mata de una forma lenta y dolorosa. Su muerte debe servir de ejemplo a los demás miembros de la organización. Para una ejecución en vía pública se usa desde un arma nueve milímetros hasta un cuerno de chivo, mientras que para una ejecución en privado se utiliza un cable de acero, con el que se corta la cabeza, o la navaja de costilla, con la que previamente se tortura a quien también ha sido golpeado con un bate de beisbol. Hay quienes piensan que entre más ruido haya es mayor el pavor. Yo más bien creo que sin balas es mejor.

Hasta hace un tiempo pertenecí al Programa de Testigos Colaboradores de la Procuraduría General de la República, al cual me uní después de que el cártel por el que yo daba la vida me traicionó.

Todo comenzó con el asesinato de un directivo de la Procuraduría General de la República, quien a pesar de recibir dinero de nuestra organización comenzó a favorecer a otra, cosa que enfureció al jefe. El jefe estaba pesado, por eso yo le decía, para mis adentros, Elefante.

Cierta noche el jefe me mandó una alerta por radiolocalizador. Cuando nos hablábamos por teléfono o radio, lo hacíamos en clave. No voy a dar detalles de las claves porque está complicado entenderlas, pero el caso es que me dijo que esa noche yo iría con mi compadre a darle piso al licenciado. A mi compadre, que era el yerno de Elefante, yo le decía Tiburón, por una historia que en un momento más contaré. Tras recibir la alerta, miré mi reloj, me quité las botas y apagué la televisión. Tenía veinte minutos, quería descansar aunque fuera un rato. Llegada la hora me preparé: fierro, me dije, y salí hacia donde estaba mi compadre.

Terminamos el trabajo poco antes de las diez de la noche. Tiburón sudaba y su mandíbula estaba trabada. Antes de cada ejecución, se metía un chingo de perico. Mi compadre, a quien conocí en el último decomiso que hice cuando era madrina de la judicial, fue el que me introdujo en el cártel. Él era varios años mayor que yo, y en la jerarquía de la organización era el segundo al mando, sólo después de Elefante. Más que su compadre, decía que yo era como su hijo. No sólo porque nos parecíamos un chingo o porque, como explicaré más adelante, fui amigo de su hijo de sangre, más bien porque había sido él quien apadrinó mi ingresó a la organización.

Antes de seguir quiero pedir a los lectores que no confundan a este Tiburón con un mafioso que solía tener el mismo apodo, un famoso pistolero mexicano de la década de los noventa. A este Tiburón, cuyo sobrenombre alude al animal que mi compadre tenía en una piscina que mandó construir en una de sus casas de seguridad, así como al resto de los personajes que aparecen referidos por su apodo en este libro, sólo yo les digo así y únicamente lo hago en estas páginas. La mascota de mi compadre, por cierto, alimentaba sus casi dos metros de hambre con los enemigos del cártel que no respondían las preguntas que les hacíamos; yo mismo los arrastraba hasta la piscina ubicada a un lado del comedor. Recuerdo haber mirado muchos cuerpos amputados, saliendo del agua oscurecida, sin un pie o sin una mano.

La noche que ejecutamos al licenciado, mi compadre y yo hicimos solos el trabajo, es decir, no llevé a mis gatilleros de confianza, pues así se me había ordenado. Al terminar, Tiburón me pidió que lo acompañara a su cantón, donde nos esperaba el jefe. Cuando llegamos, desde el pasillo de la entrada vi a Elefante en la cocina; uno de sus escoltas le abrió el refrigerador y el jefe cogió una bolsa de carne cruda y un jarrón con jugo del que bebió un largo trago, luego dejó el jarrón en la mesa y le entregó la bolsa al escolta. Ya en la sala observé la mancha negra que se paseaba bajo el agua, así como los seis televisores, divididos cada uno en cuatro cuadros, que registraban lo que sucedía dentro y fuera de la casa. En una de las televisiones vimos que Elefante caminaba sin prisa, dirigiéndose a la sala donde lo esperábamos.

Una vez que estuvo sentado, Elefante pidió a uno de sus escoltas que trajera un portafolios. De inmediato, el escolta se puso enfrente de una televisión, se estiró por encima de ésta, le dio un jalón y sonó un chasquido seco. El muro sobre el que estaba montado el aparato se abrió, quedando al descubierto un espacio lo suficientemente grande para que pasara una persona y para que cupieran los paquetes de cocaína que ahora se asomaban. El maletín, que estaba a un lado de la droga, era de piel café y tenía hebillas metálicas. Mi compadre lo recibió de manos del escolta, lo puso sobre la mesa de centro, sin abrirlo, y volteó a ver a Elefante, que a su vez me volteó a ver a mí. Segundos después ellos dos se rieron y me miraron, entonces yo también me reí.

—Te has portado muy bien —dijo Elefante—, has cumplido con todo lo que se te ha pedido y no tienes problemas con nadie. La gente a tu cargo está controlada y, en cuanto a los trabajos que se te han encargado, no has dejado cola que te pisen. Sin embargo, tú y yo sabemos que no todo lo que brilla es oro y precisamente sobre eso es lo que quiero que hablemos nosotros tres.

Los miembros de la escolta, como siempre, fingían no escuchar. De golpe, sentí que mi fusca se había vuelto más pesada.

—A partir de hoy nada estará tranquilo —advirtió Tiburón—, ahora que le dimos piso al licenciado, los federales vendrán por nosotros. Están por acabarse las vacaciones, compadre, aunque el pedo puede componerse, siempre y cuando tú estés de acuerdo. Ha llegado la hora de portarnos como familia.

¿Por qué no hablaste antes conmigo a solas?, me pregunté en silencio mientras escuchaba las palabras de mi compadre. Calmado, cabrón, me dije, un soldado de la organización no hace preguntas, un soldado obedece. Entonces uno de los escoltas abrió el portafolios y lo puso frente a mí.

—Todos saben que soy agradecido con la gente fiel —aseguró Elefante elevando el tono de su voz—, necesitamos que te hagas pasar por tu compadre para que estos cabrones del gobierno se apacigüen y la organización siga trabajando. La organización es tu familia, todos estamos por debajo de la organización, ahora te toca a ti, mañana le tocará a tu compadre y algún día me va a tocar a mí. Nosotros ya lo hablamos y creemos que esto es lo que más conviene.

Que me hiciera pasar por mi compadre. La idea me sacó de onda, era como de cura. Pero no era cura porque Elefante y Tiburón, obviamente, no eran cabrones de cura. Aunque mi compadre era mayor que yo, como ya dije, nos parecíamos físicamente, incluso alguna vez alguien relacionado con el cártel nos llegó a confundir. Las negociaciones muchas veces se hacen cara a cara, pero era raro que Tiburón se apersonara en operativos o negocios. No creo que en ese momento la procuraduría hubiera tenido una foto actualizada de Tiburón. A pesar de todo, la idea era más bien absurda.

—Lo que va a pasar es lo siguiente —advirtió Elefante—: te van a llevar y luego te van a procesar, ingresarás al Centro Federal de Readaptación Social Número Uno. Por hacerlo, recibirás dos portafolios como el que tienes enfrente, uno ahora y el otro cuando salgas. Nosotros te vamos a dar todo lo que necesites para cumplir con lo que te pedimos: vas a andar en los carros y con la gente de tu compadre, te vas a vestir como tu compadre y hasta vas a tragar como tu compadre. Si no te digo que vas a coger como tu compadre es porque no sé qué tanto le guste esta idea a la comadre.

Tiburón y Elefante se carcajearon y yo escuché rebotar en las paredes el agua de la alberca. Se me había puesto seca la boca. Al terminar de reír, Elefante frunció el ceño y preguntó:

—¿Qué tienes que decir a este respecto?

—Señor, lo primero es que le agradezco su confianza —aunque mi boca seguía seca, no dejé de hablar—, usted sólo ordene y yo hago todo para ganarme ese dinero.

El jefe sonrió complacido mientras Tiburón me observaba en silencio.

—Tu compadre te va a poner a alguien para que te explique cómo vamos a empezar —dijo señalando a Tiburón, quien a su vez, luego de sentarse, aseguró:

—Yo sé que me aprecias y que harías esto y mucho más por mí, como ya has demostrado. Eso sí, piensa que ahora es diferente, que ya me empapelaron. Sabrá qué acuerdos se están haciendo arriba, pero la cosa es que ya traigo a los agentes tras de mí, que no puedo salir del frente y que yo no puedo estarme escondiendo y dejando a un lado los negocios pendientes. Las cosas están cambiando, el pedo ahora sí se ha puesto cabrón.

En este punto Elefante interrumpió a Tiburón, quien inmediatamente guardó silencio.

—Te van a llevar a la fiscalía especializada y vas a declarar que tú eres al que están buscando. Luego vas a estar arraigado hasta que te trasladen al penal, donde a lo mucho pasarás un año, que es lo que dura el proceso. Luego nosotros haremos que te saquen.

Los escoltas permanecían inmóviles mientras mis jefes hablaban. En las pantallas la imagen estaba congelada y hasta la piscina lucía en calma. Elefante me miró fijamente:

—Cuando salgas vas a estar forrado. Tienes mi palabra de que ya que pase todo esto podrás gastar tu feria en lo que quieras. Ni siquiera tendrás que seguir jalando si no quieres, te conseguirás una ruca y los negocios que tienes a tu cargo seguirán su curso. Nosotros seguiremos en lo mismo y tú serás un hombre rico al que la organización cuidará siempre. Eso sí, si aceptas, hay que empezar ya.

Antes de continuar, quizá deba decir ahora que cuando se creó la Agencia Federal de Investigación (AFI) el gobierno pactó con las organizaciones del narcotráfico toda una serie de nuevos acuerdos, o al menos eso es lo que oía decir a Tiburón. Tal y como sucede cada vez que México cambia de presidente, los directivos de la Procuraduría General de la República se apalabraron con cierta gente que estaba, según Tiburón, enemistada de manera directa con él. Así que el licenciado murió por apoyar a esta gente, aun habiendo recibido dinero de parte de Elefante. Su asesinato era necesario pero puso en aprietos a la organización. Ya sólo sería cuestión de semanas para que aprehendieran a uno de los cabecillas del cártel, el más visible y el más odiado de los cuales era mi compadre.

Pero volvamos a donde nos quedamos: la feria que me darían era más de lo que había ganado hasta entonces. Bastaba, pues, con pasar un año clavado, para estar forrado a mi salida, rehacer mi vida en el lugar que quisiera y con la ruca que quisiera. Eso sí, si no lograba obtener la libertad durante el primer año, lo más seguro era que me quedara en el clavo toda mi vida. Como me gustan los riesgos, acepté. Entonces el jefe le pidió a Tiburón que, como parte del acuerdo, se quitara las joyas que traía y me las diera. Una de sus esclavas tenía escrito su nombre. De mi compadre para abajo todos éramos llamados también por claves y, por lo tanto, no sabía los nombres reales de la mayoría; de Tiburón sí. Poco después salimos todos de la casa.

Hasta el día que aquí he narrado, yo viví en una casa de seguridad que el cártel me asignó y que no quedaba lejos de la de Tiburón, camino hacia la cual recibí una llamada a mi celular privado, cuyo número sólo tenía, además de Elefante y de mi compadre, mi comadre, que era la hija del jefe y la esposa de Tiburón, con quien ella había dejado de tener relaciones sexuales desde hace tiempo. Al menos eso era lo que mi comadre decía, que me buscaba a mí para que echáramos pata a espaldas de mi compadre, quien por su parte cogía con la mujer de Elefante, que cogía con cualquier mujer que no fuera su mujer. Nuestras vidas sexuales, pues, eran una porquería. La comadre me llamó para citarme en un punto medio del camino hacia mi casa. Quería hablar urgentemente pero nadie debía vernos, así que escogió la esquina de un parque con muy poca iluminación. Evidentemente, si alguien del cártel me veía con ella, todo se iría a la verga.

Cuando llegué al lugar de la cita di varias vueltas antes de estacionarme detrás de la comadre. Luego me bajé, miré a mi alrededor, caminé hacia su camioneta en la que ella me aguardaba y entré por la puerta del copiloto. Mi comadre estaba maquillada, tenía los labios pintados de rojos y olía bien. Pero también tenía los ojos irritados y las manos apretadas al volante.

"Tengo algo muy importante que contarte: esta mañana escuché a tu compadre hablar por el radiolocalizador, quiere hacerte pasar por él para después matarte. Trae una bronca muy grande con los colombianos y no sabe cómo zafarse."

Nomás terminó de hablar, la comadre empezó a llorar y yo sentí un hoyo en el estómago.

Algunos meses antes, Tiburón se había robado un cargamento de cocaína base en el aeropuerto de la ciudad de México, donde cada semana llegaban cientos de kilos de esta droga procedentes de Sudamérica, los cuales eran introducidos al país desde Colombia o Bolivia. Hasta antes de que el gobierno federal cambiara de partido, esta operación nos era muy sencilla, pero después, cuando la oposición llegó al poder, nuestro contacto fue arrestado. Ese día, los gatilleros de Tiburón, que sí habían alcanzado a recoger el cargamento, no supieron a quién pagarle, pero mi compadre no hizo mayor esfuerzo por resolver el asunto o por regresar la droga. De todo esto, Elefante no se enteró hasta un par de meses después, cuando llegaron a nuestro país varios colombianos en busca de su dinero. Un cargamento como el que aquí he referido equivale a muchos millones de dólares en las calles de Estados Unidos, por lo que los colombianos venían decididos a matar. Por su parte, mi compadre estaba dispuesto a no pagar ni un dólar por el cargamento, decisión en la que fue apoyado por Elefante. Así que la única manera de restituir la relación con los colombianos era entregar al responsable del desmadre, o a quien se haría pasar por el responsable del desmadre. Si acataba la orden de convertirme en Tiburón, moriría. El problema era que si no lo hacía también me cargaría la chingada. Y todo esto a pesar de haber sido un eslabón ejemplar: como lugarteniente de la organización nunca bebí, ni fumé, ni loqueé frente a mis patrones, siempre fui eficaz en mi trabajo y, mejor aún, discreto. La organización era mi única familia.

La comadre seguía llorando cuando me dijo cómo fue que escuchó aquella conversación:

“El radio de tu compadre estaba en altavoz y oí al jefe darle un cagadón de palo. Que valía verga, que el dinero ya no era el problema, que el pedo ahora era desafanar a esos cabrones, que cómo había sido tan pendejo. Y entonces tu compadre le contestó que la mercancía había pasado de una mano a otra, que los federales se iban a quedar con los paquetes y no sé qué más —la comadre, sólo hasta entonces, soltó el volante—. Según les oí, los colombianos ahora quieren que el cártel pague el doble... dicen que quieren el dinero en ocho días y que ni eso asegura que no se aceleren."

Por un momento mi comadre dejó de llorar. Aseguró que le había oído decir a Tiburón que si lo mataban se haría un cagadero, que a nadie le convenía ese desmadre.

—[Tiburón] le dijo que ya se había hecho fama de traidor, porque ya tenía mucho tiempo metiéndose en los dominios de otra gente y porque se había llevado a todos entre las patas. [Elefante] le dijo: "Te van a dar piso, cabrón".

—Con que así está el pedo... —comenté luego de quedarme callado durante unos minutos.

Que me maten a mí pensando que soy mi compadre. Seguro que luego, para que no hubiera sospechas, me harían pozole. El cabrón al que hace apenas unos meses quiso levantar un comando de sicarios en la carretera; el cabrón que cubrí con mi cuerpo mientras los sicarios que venían por él descargaban sus cuernos de chivo contra la camioneta; el cabrón que mantuve bocabajo mientras cortaba cartucho y disparaba a todos lados en lo que llegaban refuerzos; el cabrón, pues, al que le salvé la vida, es el mismo cabrón que había decidido chingarme.

Sin decir nada más, mi comadre se acercó hacia mí y chupó mis lágrimas con sus labios. Luego acarició mi cuello con su lengua. Era la última vez que nos veríamos. Aunque estaba asustado me puse muy caliente, me desabroché la bragueta, desabotoné su blusa, le arranqué el sostén y le chupé las tetas. Imaginé que sus escoltas, ocultándose, nos veían. Poco después me bajé el pantalón, mi comadre me la mamó, y luego en el asiento del copiloto se me montó encima, mordiéndome los labios y las orejas. Cada vez me ponía más caliente. A continuación la sujeté de las caderas con coraje, la giré hacia el parabrisas, la tomé de los cabellos y la penetré por el ano. Estaba bien encabronado. Mientras ella gemía y se zarandeaba alrededor de mi miembro, lloré. Entonces golpeé su cabeza con los puños y mordí su espalda hasta que sangró mientras seguía gimiendo. Al final, luego de explotar dentro de ella, la empujé contra la ventana, le di una cachetada, me sequé las lágrimas, me subí los pantalones, me bajé del auto y cerré la puerta de golpe.

Ya en mi carro me engrané pensando. Estaba bien confundido. Aunque sabía que era cierto, me resistía a creer lo que recién me habían confesado y me dirigí a mi casa de seguridad. En los alrededores todo estaba oscuro. Volví a sentir pesada la fusca, a pesar de que la apretaba a mis costillas. Empezaba a creer lo que me había dicho la comadre, estaba seguro de que en cualquier momento me matarían. Aunque el acuerdo había sido dejar pasar unos días, bien podían haberme seguido hasta el parque. Entonces decidí que si moría lo haría como mueren los sicarios: llevándome por delante a cuantos pudiera. Con más razón si se trataba de mis traidores, la gente por la que yo daba la vida a cambio de nada.

Cuando llegué a mi cantón abrí la puerta con cuidado y empuñé mi fusca. Todo parecía estar tal y como lo había dejado. Después de unos segundos guardé otra fusca en mi chamarra, tomé los dos millones y medio de pesos que tenía en una caja fuerte, cogí un cuerno de chivo, una granada de fragmentación, algunos cargadores y varias cajas de tiros. Todo lo empaqué en una bolsa de piel negra. Luego busqué las llaves de una camioneta que mantenía estacionada afuera del departamento y me asomé por la ventana, aún no había amanecido.

Antes de salir, oí el ruido que un motor hace al apagarse, el de unas puertas que se abrían y el de varios pasos. Lo siguiente que escuché fueron varias ráfagas de cuerno de chivo y el estallar de los vidrios de las ventanas. Las paredes de la casa temblaban. Tomé el cuerno, lo cargué y entre la oscuridad disparé hacia el lugar del que venían las balas. Luego salí corriendo por la ventana trasera. Ya valió verga, me dije. El patio estaba muy chico y decidí saltarme la barda. De la prisa resbalé y por poco me parto el hocico. Pero no, me paré de volada, cogí el cuerno y crucé el lote baldío que estaba detrás del cantón, corrí y no me detuve hasta llegar a una gasolinera. Guardé el cuerno en la bolsa. Me pesaba un chingo, estaba sudando y cagado de miedo. De milagro aquellos cabrones no supieron para dónde había jalado; de milagro, además, no había un placa o alguien que pudiera hacerla de pedo. Me acerqué a uno de los despachadores, quien me miró medio asustado. Yo creo que le sacó de onda que estuviera bien sudado y con la bolsota en mi espalda.

—Compa, ¿dónde cojo un taxi? —le pregunté con la voz más tranquila que pude.

—Aquí a un lado es el sitio —contestó sin mirarme a los ojos.

Me acerqué al primer taxista y le pregunté dónde estaba su carro. Ya adentro abrí la bolsa y saqué una feria. Cuando el taxista se subió, puse dos billetes de quinientos pesos en el asiento del copiloto. Me miró por el retrovisor. "Coja carretera", le ordené.

El bato se quedó callado, encendió el taxi y volvió a verme por el retrovisor. Le pedí que me llevara hacia el sur, al puerto que está a una hora de la ciudad donde aconteció todo lo que he narrado. Aunque no puedo señalar exactamente de qué localidad se trata, confesaré que era en la costa del Pacífico mexicano. Yo creo que el chofer estaba igual de cagado de miedo porque hizo cuarenta y cinco minutos de camino. Al llegar al puerto ya estaba por amanecer y el taxista me dejó en un hotel de paso.

En la recepción pedí un cuarto con ventana a la calle. A pesar de que lo intenté, no pude dormir. En mitad del insomnio revisé los ductos de la ventilación, abrí la única rejilla que hallé y, como sucede en las películas, guardé la bolsa con las armas y el dinero. Poco después me bañé, y para la hora de la comida bajé a la recepción. El tipo que despachaba era un viejo que no despegaba los ojos de un televisor con pésima señal. Ante él saqué un billete de quinientos pesos y le dije: "Quiero que me traigas una puta", el hombre me miró de reojo, tomó el billete, no contestó y siguió viendo la televisión.

De lo que menos tenía ganas era de coger, pero no quería levantar sospechas. A los treinta minutos tocaron a mi puerta. La puta era morena y tenía el busto enorme. A la luz del día se miraba cateada. Saqué dos billetes de quinientos pesos.

—Quiero que te quedes el resto de la tarde y también la noche, lo que haga falta te lo pago en la mañana.

—Lo que tú quieras —me contestó ella con una sonrisa.

—Saldré un momento a comprar condones y algo de beber, no quiero que salgas de la habitación —antes de irme le prendí la televisión.

A pesar de que había pagado mucho para que se me protegiera, estaba huyendo como un perro. En la calle prendí mi radiolocalizador y los dos celulares que tenía. Marqué a cuatro de mis gatilleros y ninguno me contestó, luego revisé la lista del resto de mis contactos.

Alacrán es el apodo que utilizaré para referirme a un federal que trabajaba para mí, un agente al que le había tomado confianza hacía mucho tiempo. Él fue el único que contestó a una de las alertas que envié por el radio.

—¿Cómo está, señor? A sus órdenes.

—Necesito tu ayuda.

—Lo que se le ofrezca, señor —me contestó tan normal como siempre.

Tal como si hablara con alguien del cártel, le pregunté en clave si alguien de la organización se había comunicado con él. Me respondió que no. Entonces le dije que tenía serios problemas con mis patrones y que la única manera de resolverlos era con su ayuda.

—No le digas a nadie que hablamos, ya te daré instrucciones más tarde.

Después de hablar con Alacrán, marqué otro par de números pero nadie me contestó. Decidido a hacer tiempo antes de volver al hotel, busqué una tienda de celulares, donde compré un aparato con un número del puerto, y entré en una tienda deportiva, en la que compré un bolso ligero, un cambio de ropa y unos tenis. Luego volví a hacer mis llamadas pero nadie contestó. Al final compré algo de comida, esperé a que se hiciera más tarde y volví hacia el hotel.

Al llegar, desde la calle miré hacia mi cuarto y me percaté de que la ventana estaba abierta. Entré en la recepción con sumo cuidado: no había nadie, la televisión permanecía encendida, con el volumen muy bajo, y el baño estaba abierto. Instintivamente saqué la fusca que guardaba debajo de la chamarra y la pegué a mis costillas. El hotel entero en silencio. Subí a la segunda planta, donde estaba mi cuarto, y me acerqué despacio por el pasillo: la puerta estaba abierta. ¿Para qué darle largas al asunto?, me dije, partámonos la madre de una vez. Entonces me acerqué, escuché un débil gemido y se me secó la boca. Empujé la puerta con cuidado:

la puta estaba tirada sobre el suelo. Respiré profundo, empuñé la fusca y miré a mi alrededor. Me acerqué a ella sin guardar el arma y me hinqué. Su cara estaba llena de sangre, al verme comenzó a medio decir algo. Como hablaba muy bajito, acerqué el oído a su boca: que habían tocado la puerta, ella había preguntado quién era, que le habían dicho que era el servicio de limpieza.

Miré el cuarto detenidamente: las lámparas estaban tiradas, los cajones abiertos, el armario roto. La reja que cubría el ducto de ventilación estaba rota. Adentro ya no había nada. Valiendo verga, me dije. Entonces reconstruí en mi mente lo que según yo, luego de haber mirado el cagadero, había sucedido: apenas la puta quitó el seguro, empujaron la puerta derribándola. Debieron de ser uno, quizá dos güeyes, me dije y pensé: le dieron varias bofetadas en la cara, la aventaron contra la cama, la encañonaron y, por la sangre en su entrepierna, seguro la violaron. Cuando terminaron, tal vez se comunicaron con otros hombres y entre todos hurgaron el cuarto, por eso hallaron el ducto de ventilación, la maleta negra con mis armas y mi dinero. "Dinos dónde está el dueño de la maleta", le habrá exigido a la puta alguno de ellos, sacando su navaja de costilla. "No te vamos a matar para que le cuentes a ese cabrón lo que va a vivir si lo agarramos", le habrán advertido. Al alejar mi oído de su boca vi que la mujer sangraba aún más entre las piernas. Antes de volver a pensarlo, tomé una almohada, la apreté sobre su cara y disparé.

Salí del hotel corriendo y aún peor de como había llegado: se habían llevado mis armas y mi dinero, sólo me quedó la bolsa y la ropa que acababa de comprar, la pistola que cargaba conmigo y el dinero que traía en los bolsillos. ¿Por qué no me habían esperado para matarme? Como me tardé, quizá pensaron que me di cuenta de que habían caído y que había huido de nuevo. Seguro me estaban buscando aquí en el puerto y en las salidas a la carretera. Otra vez era de noche y la falta de sueño comenzó a hacer estragos en mí: estaba mareado y me dolía la cabeza. Volví a marcarle a Alacrán, quien me dijo que lamentaba mi situación y que haría lo posible para que saliera bien librado: "Para eso estamos, señor, pero necesitaremos dinero".

Un par de minutos después de que colgué con el agente, ocurrió lo que menos esperaba. Tiburón marcó a mi celular. Al ver que era él, las manos empezaron a sudarme y respondí sin decir nada. Hubo un silencio.

—Es denigrante ver hasta dónde hemos caído después de todo lo que hicimos juntos —escuché que me decía—. Quiero que te abras a la verga de donde estés, sabes muy bien que los traidores por hierro mueren y a ti no se te va a dar aviso.

—Eso lo hubieras pensado antes de mandarme a tu gente...

—Escúchame bien, hijo de tu puta madre —me interrumpió—: vas a valer verga y eso ya está decidido, te vamos a encontrar y yo me encargaré de que te cargue la chingada.

—Elefante necesita desquitarse con alguien por tu cagadero...

—Mira, pendejete de mierda —volvió a interrumpirme—, tú nomás vas a hablar cuando yo te diga que hables...

—Me dices traidor y que me vas a mandar matar y toda esa bola de mamadas, pero aquí el traidor eres tú, pinche culero, yo daba la vida por ti, te consideraba mi familia…

Tiburón no tardó en interrumpir nuevamente:

—¿Vas a chillar, pinche enano cagado? Métete tu puto lloriqueo por el... —fue entonces cuando apagué el aparato, cuando apagué todos los aparatos.

El corazón me latía rápido y la boca se me había secado de nuevo. Toda la vida había recibido órdenes y acatado los designios de quienes ahora estaban decididos a matarme. Si caía en sus manos, mi muerte sería aún más lenta y dolorosa que la de aquellos a quienes yo mismo ejecuté. Éste es mi destino, pensé. Tiburón tenía razón: el que a hierro mata, a hierro termina. Tomé el par de celulares que había apagado poco antes. En cuanto encendí el primero, vibró: era Alacrán, que volvió a asegurar que me ayudaría. El acuerdo que hicimos fue el siguiente: él y otros agentes me acompañarían a cobrar la feria que yo debería pagarle por su ayuda. A mí mucha gente me debía cuotas por vender a menor escala y quedamos que, además de darle parte de la feria, lo dejaría que aprehendiera a mis deudores. Aun así, lo más importante de todo fue que le daría santo y seña sobre el asesinato del licenciado de la Procuraduría General de la República, asesinato que había removido demasiado las cosas. Le pondría dedo, pues, a Tiburón.

Antes de seguir, quiero hacer una pausa para dejar claras algunas cosas. Y es que, en una organización, más aún, en un mundo en el que constantemente se juega el poder, el dinero y la vida, el valor más importante de todos es la lealtad. ¿A qué se debe, aun así, que el mundo del narco esté lleno de traiciones? A que todos andamos tras la feria, por lo tanto llega un punto en que hay raza que no se conforma con lo que le sueltas. Es entonces cuando empieza a correr la sangre y el hilo de las lealtades se revienta.

Aquellos que nos hemos dedicado al narcotráfico cometemos este error al menos una vez en la vida: suponer que a la placa le bastan los miles de dólares que uno entrega mensualmente para protección. Pero los placas siempre quieren más.

En nuestro país las tiendas de narcomenudeo tienen cola, igual que las tortillerías. En los bares de toda la República hay siempre un encargado que sabe quién es el que vende la droga y detrás de éste siempre hay un policía, un director de Seguridad Pública, un presidente municipal. Todo mundo sabe porque todo mundo, por medio de los intermediarios infinitos, se enriquece y consume el producto. Los funcionarios del gobierno, como muy pocos, son unos atascados. Y no se conforman con el dinero, los muy hijos de puta piden que hasta se les mande su bolsita de perico. Los muy putos creen que se trata de una piñata.

El dinero que se mueve es mucho y toda la gente metida en esto quiere que se le deje trabajar en paz. No así la policía ni las autoridades. El gobierno siempre quiere la rebanada más grande del pastel.

En los despliegues que hace la autoridad, es normal que narcos de otros grupos lleguen a luchar por nuevos territorios, obligando al que estaba antes que ellos a defender su plaza. Pinches agentes federales: los placas no tienen llenadera. Primero se les da un aviso: se les rafaguea. La cosa es que aquí, en realidad, no hay ni segundo ni tercer aviso. Si con eso no entienden, pues a chingar a su madre.

Asesiné a muchos funcionarios que no cumplieron con sus partes del trato. ¿Cómo es posible que un funcionario reciba, por ejemplo, cien mil pesos por semana, y al otro día vaya y catee una casa de la organización? Si tú agarras dinero tienes que tener los huevos para decir "órale".

Ahora bien, volviendo a donde estábamos, es decir, al momento en el que hablaba por teléfono con Alacrán, luego de pactar cuál sería nuestro acuerdo, éste me dio la dirección de un hotel de paso donde nadie podría hallarme, me aseguró. Confiado, me subí en un autobús de vuelta a la ciudad. Al llegar tomé un taxi que me dejó en el hotel. Ahí pude dormir un par de horas, durante las cuales tuve un sueño.

Estaba en un lugar montañoso con una ruca mayor que yo. Ella me tomaba de la mano y me conducía, o conducía al niño que yo era, por un bosque. En medio de este bosque había un lago enorme de agua transparente donde la ruca y yo nos sumergíamos y luego nos abrazábamos. La ruca, aunque era mayor, no sabía nadar, razón por la cual se sostenía de mí violentamente, agitando los brazos, al mismo tiempo que se reía. En mi sueño era semana santa. Había una casa de campaña a un lado del lago, en cuya orilla había una canoa. La ruca y yo, que de pronto estábamos desnudos, subíamos a la canoa, remábamos hasta que se hacía noche y los peces se volvían de colores fosforescentes. Entonces ella se hacía más y más vieja conforme la noche avanzaba, y yo me hacía más y más joven. Luego la ruca me abrazaba por la cintura y me juraba amor eterno mientras yo la besaba y la acariciaba. Desesperado, le decía a la ruca que necesitaba hablar, que necesitaba volver a casa, aunque no sabía dónde era mi casa. Pero ella me decía que era semana santa y que eso era lo único que importaba. Por alguna razón yo sabía que, si quería olvidar todo lo que hasta ese momento me había llevado a odiarme a cada instante, lo que necesitaba era volver a entrar en el agua. Entonces me paraba sobre la canoa y me quedaba mirando el reflejo de la luna derretirse sobre las montañas. Y justo en ese instante me desperté.

Todavía bastante adormilado me vestí y caminé hasta el baño, donde me miré en el espejo. Hacía mucho tiempo que no lo hacía y me descubrí avejentado. Minutos después, cuando me asomé por la ventana, descubrí que Alacrán y sus hombres se habían estacionado en doble fila y no habían apagado los motores de sus camionetas. Sus metralletas apuntaban al techo de los autos. Detrás de mí tocaron a la puerta. Lo primero que vi cuando abrí fue un cañón, luego la cacha de una fusca impactándose en mi frente. Terminé en el piso, mientras todos me apuntaban con sus armas. Todos, excepto Alacrán, estaban encapuchados. La sangre me escurría por la cabeza cuando sentí otro golpe, pero con una cacha más grande, como de cuerno, y dos, cuatro, siete patadas en el estómago. Después me envolvieron la cabeza con una funda negra que amarraron a mi cuello. Entonces sentí otro golpe en la cabeza y me esposaron. La funda estaba empapada de sangre. Recordé el sueño de la noche anterior: un enorme lago enfrente de mí, la luna derritiéndose sobre las montañas blancas del reflejo.

Alacrán se me acercó.

—Si serás pendejo, ¿qué chingados pensaste que era? ¿Tu amigo?

—Ya valiste verga —dijo otro de los agentes, quien me cogió por los hombros y me arrastró al exterior de la casa.

Mis pies rebotaron en los escalones. Una vez afuera, me tiraron al concreto y alguien me dio otra patada. Volvieron a arrastrarme y me aventaron en la que supuse era la cajuela de una de las camionetas que había visto por la ventana. Hacía mucho calor y sentía que la cabeza me iba a estallar. Por supuesto, di por hecho que me matarían. Minutos después escuché a Alacrán hablar por su radiolocalizador, que tenía prendido el altavoz.

—Ya lo tenemos, señor.

—Pásamelo —dijo una voz que reconocí de inmediato: era Tiburón.

—No se lo puedo pasar —respondió el agente, antes de pedirle en clave un dinero que habían acordado, según percibí.

—Yo contigo no acordé nada, hijo de tu puta madre —replicó el que fuera mi compadre—. Me marcas para venderme a un cabrón que ni siquiera te he pedido... pásamelo para saber que sí lo tienes.

—No —replicó Alacrán—. Ayer lo cazamos en el puerto y lo dejamos ir nomás para que usted pudiera decidirse por la cantidad. No vamos a esperar más.

La sangre y el sudor me escurrían por los cachetes. ¿Cuál será el precio que tengo? Como no se pusieron de acuerdo, las camionetas se echaron a andar y estuvieron dando vueltas durante media hora, luego se apagaron los motores y ninguno de los agentes hizo ruido.

Cuando me sacaron no tenía fuerza en los brazos ni en las piernas. Me arrastraron por un pasillo muy estrecho, subimos por unas escaleras que parecían metálicas, conté cinco pisos. Finalmente me cargaron entre varias manos mientras hablaban sobre lo que iban a hacerme en las próximas horas, que si iban a violarme igual que a la puta del hotel, que si el cártel no pagaba para que me mataran, ellos de todos modos lo harían. Reconocí algunas de las voces: agentes a quienes les había dado dinero para que me protegieran. Antes, todos se dirigían a mí hablándome de usted. Me decían señor o licenciado. Antes, ninguno de ellos me tuteaba, ahora todos me decían puto, rata, hijo de tu chingada madre.

"¿Sabes qué es lo que le pasa a los traidores? Se los carga la chingada", oí decir a uno.

Justo en ese momento me tiraron en el piso y sentí mi cabeza estrellarse en el concreto. Cortaron mi camisa, luego los pantalones y la funda. De pronto me vi amarrado a una silla con cinta adhesiva industrial. En el cuarto ni siquiera estaba Alacrán, sólo había cuatro agentes encapuchados con las manos enfundadas en guantes de látex. Uno de ellos me golpeó dos veces en la cara y sentí que la nariz se me rompía.

"Tengo más dinero del que hallaron en mi maleta. Les puedo dar más de lo que les van a pagar."

Aparentemente nada de lo que dijera importaba. Uno de los policías sacó una navaja de costilla y la colocó sobre la mesa delante de mí. A un lado de la navaja pusieron tres radiolocalizadores, dos celulares y dos cuernos de chivo. Mi pistola, la única que había guardado entre mi ropa, la empuñaba uno de los agentes. Lo último que recuerdo fue que observé mi arma acercándose velozmente hacia mi rostro. La sangre se me metía en los ojos cuando me los taparon y me llenaron la boca con un trapo.

II

Mi ingreso en el mundo del narco

Ingresé al cártel, como ya mencioné en el capítulo anterior, mientras jalaba como madrina en la Policía Judicial del Estado. Poco después de un decomiso en el que participé, recibí la invitación de Tiburón. Pero en la vida de las personas siempre hay un antes, sobre eso quiero hablar ahora.

Como también ya dije, aunque de modo superficial, mientras estuve recluido en el Albergue Tutelar de Menores Infractores conocí a una persona que había sido apresado por asesinato, como yo. Este cabrón, a quien yo le decía Ganso por su nariz prominente, se dedicaba a asaltar camiones de carga, y era hijo de un importante comandante de la Policía Judicial que estaba en la nómina de Tiburón.

Desde el principio el Ganso y yo nos hicimos compas pues éramos los nuevos en la correccional, un lugar donde conviene hacer equipo pronto para poder defenderte de las putizas. Lo conocí, pues, el primer día, después de que el grupo de los infractores antiguos me diera una putiza en el comedor. A la hora de la comida me cogieron de los brazos y de las piernas, me estiraron en el aire y entre todos me golpearon en la espalda, el culo, el pecho, los huevos y la panza, hasta dejarme bien madreado. Cuando me estaba levantando el Ganso se me acercó y me tendió la mano: "A mí también me novatearon, pero los pinches putos no nos van a agarrar de sus puerquitos si somos dos".

A los seis meses las cosas habían cambiado y éramos nosotros quienes hacíamos las novatadas.

Ganso y yo salimos más o menos por las mismas fechas. Desde que estábamos adentro me prometió que me conseguiría jale con el comandante, y una vez afuera no tardó en cumplir su promesa. La misma noche en que salimos me lo presentó:

—¿Sabes qué es una madrina?

Mi primera respuesta fue el silencio.

—¿Quieres o no quieres trabajo, cabrón?

—Simón, sí quiero.

Horas después el comandante me llevó a beber con Ganso y varios policías al lugar donde escucharía acerca de Tiburón por primera vez. Yo había oído hablar del cártel pues tanto los vecinos de mi barrio como los robacarros y hasta los internos del tutelar mencionaban a Elefante y su organización. Pero de pronto fueron los judiciales quienes empezaron a platicar sobre su poder y su crecimiento: que si el cártel ha comprado jueces y funcionarios, que si ha reclutado un montón de sicarios más, que si está creciendo de manera incontrolable. Sólo dos de los presentes habían visto en persona a Elefante pero todos conocían las anécdotas sobre las ejecuciones que ordenaba cuando era traicionado y las fueron contando una a una. Estaba amaneciendo cuando el alcohol se terminó y alguien mandó a traer un perico. Yo me marché del lugar discretamente.

A finales de los años ochenta, Elefante ya contaba con una red de trasiego de cocaína y estaba aliado con muchos de los jefes de otras organizaciones. Su poder crecía de tal manera que, entrados los años noventa, el gobierno mexicano se vio obligado a iniciar una durísima persecución contra él, persecución que lo llevó a ocultarse en un rancho en las afueras de su ciudad, junto con un grupo compacto de gatilleros y algunos de sus familiares, al tiempo que las autoridades aseguraban estar cerca de encontrarlo y aprehenderlo. Le habían cateado un par de casas de seguridad, y en un restaurante de mariscos habían arrestado a uno de sus lugartenientes mientras éste insultaba, ebrio y pasoneado, a los miembros de una banda de música grupera.

La persecución provocó un reordenamiento en la jerarquía de la organización criminal de Elefante. Tiburón formaba parte del cártel desde el principio, pero fue en aquel momento cuando ascendió dentro de la estructura de manera más que acelerada. Elefante no tenía hijos varones y mi compadre se había casado con la hija mayor de éste. Elefante advirtió que Tiburón era un cabrón muy trucha, tanto que le había cedido no sólo a una de sus hijas, sino también parte del negocio que había construido. Todo a pesar de sus excentricidades, como la de tener un animal depredador en la piscina de su casa.

Para contrarrestar los cateos y decomisos que por entonces el gobierno estaba propinando al cártel, Tiburón creó pequeños ejércitos de sicarios, matones que eran entrenados por mercenarios que habían pertenecido, según decían, al ejército estadounidense. Así nació el brazo armado de Elefante, dirigido por Tiburón, que le permitió a la organización ejercer una fuerte presión sobre el gobierno calentando la plaza, como se dice comúnmente cuando se hacen más frecuentes las balaceras. Durante la misma época, Tiburón convenció a Elefante de invertir aún más dinero en sobornos: la nómina del cártel abarcaría a funcionarios y policías. Esta doble situación, como era de esperarse, reestructuró la organización de Elefante: a cambio de protección, entregó a muchos de los miembros de menor jerarquía de la organización, así como toneladas de droga echada a perder, con la cual los policías fingieron varios decomisos.

Mientras todo esto sucedía, Elefante cargaba energías y hacía ejercicio en su rancho, combatiendo la obesidad que tantos problemas de salud le había traído. Parece que la única culpa que siempre sintió, sin importar las ejecuciones de familias que ordenó, fue la de comer en exceso. Durante el tiempo que permaneció en su rancho, Elefante recuperó el equilibrio físico y emocional que había perdido. Para cuando volvió a activar su liderazgo en el cártel, con Tiburón como su brazo derecho, ya estaba renovado.

Es importante señalar que hasta antes de la ascensión de mi compadre, Elefante reinaba desde la sombra, pues las autoridades no contaban con los datos exactos de su identidad ni con los de su lugar en el mundo del narcotráfico. Sin embargo, la renovación del cártel, y la suya propia, lo puso en boca de todos y volvió visible su influencia en varios estados de la República, así como sus alianzas con otros capos. No obstante, poco antes de llegar a la cima, la misma persona que lo había ayudado a acrecentar su poder provocaría su caída: la avaricia de Tiburón llevó a Elefante a enemistarse con otros capos y a perder la complicidad del gobierno que con tantos esfuerzos había ido urdiendo, sobre todo tras la alternancia del año 2000. Pero sobre esto hablaremos más adelante.

Por lo pronto volvamos a donde estábamos: mi ingreso en el mundo del que ahora hablo. Tras la celebración de nuestra salida del tutelar, al día siguiente de la borrachera busqué al comandante. No había dormido. Supongo que él tampoco, después de las puntas que se había metido durante la peda. Lo encontré en la comandancia. Me dio cuatro mil pesos y me llevó a un hotel de paso de la zona centro de la ciudad, donde me recogió horas más tarde para regresar a la comandancia y presentarme a la célula que él denominaba Política Criminal y Combate a la Delincuencia Organizada. El grupo en cuestión estaba integrado por diez elementos que trabajaban despejando rutas para el narcotráfico. En realidad, todos eran madrinas que tenían contacto directo con Tiburón, quien les pagaba generosas cantidades de dinero.

La primera vez que vi a Tiburón fue un día que el

comandante me llevó a su casa de seguridad, donde el narcotraficante estaba celebrando la adquisición de su peculiar mascota, para la que había mandado construir la alberca que ya he mencionado. Aquel día Tiburón le reclamó al comandante un cateo realizado en una de sus casas de seguridad, cateo que mi compadre prefirió olvidar tras una breve discusión.

—Hagamos borrón y cuenta nueva —luego me miró y preguntó—: ¿quién es el morro?

—Es mi nueva madrina —contestó el comandante.

—¿Y es de confianza?

—Sí, el chamaco no está viciado.

Después de ese día me ocupé de recoger el dinero que Tiburón le entregaba periódicamente al comandante, estableciendo poco a poco una relación directa con el que sería mi compadre.

Al ver el aumento en el poder, y sobre todo en las ganancias de Tiburón, el comandante decidió incrementar su cuota: "Tiburón es un criminal —alegaba el muy cabrón—, no hay por qué hacerle favores si no paga caro por ellos".

A Tiburón no se le hizo justo el aumento en la cuota; cuando se lo negó, el comandante enfureció y decidió decomisarle un cargamento. "Metámosle presión", ordenó creyendo que ahora sí le iban a dar un poco más de dinero. Así, los miembros del grupo Política Criminal y Combate a la Delincuencia Organizada decomisamos un pequeño cargamento en una de las casas de seguridad del cártel. Cinco días después se me ordenó ver a Tiburón. Yo iba cagado de miedo porque presentí que el narco estaría bien encabronado. Éste me hizo pasar al interior de su casa y me puso delante de su mascota. Frente a la alberca había una mesa y sobre ésta un portafolios con una cantidad cuatro veces mayor a la que recibía el comandante.

"¿Quieres trabajar para mí? —me preguntó el capo—. Dale piso a tu jefe y te llevas esta feria." Inmediatamente la cabeza se me nubló y la boca se me secó. Maté al comandante el día que pretendía decomisarle un tercer cargamento a la organización, lo maté de un balazo en la nuca.

Después de su muerte, el grupo Política Criminal y Combate a la Delincuencia Organizada desapareció y nunca volví a ver al Ganso, quien se había dedicado todo ese tiempo al robo de camiones, porque, decía, había menos competencia y menos riesgos; luego supe que lo habían asesinado en una emboscada que le tendió un grupo rival de asaltantes. La persona que quedó en el lugar del comandante fue inmediatamente comprada por el cártel. Cuando Tiburón me entregó mi dinero me dijo que al hacerlo también estaba apadrinando mi entrada al cártel.

"Pero no se te ocurra decirme padrino —advirtió en un tono de voz medio cantadito, como si se tratara de un chiste—. Padrino sólo hay uno, y es el jefe. A partir de ahora tú y yo seremos compadres. Desde este momento tú trabajas para mí."

Durante varias semanas acompañé a mi compadre a entregar y recoger la droga. Tan sólo seis meses después me llevó a conocer a Elefante. El jefe, como le llamaba Tiburón, pidió que me llevaran a una casa de seguridad que la organización tenía en las afueras de la ciudad. Era la primera vez que la visitaba y me pareció impenetrable, un fuerte de dos pisos dividido en cuatro departamentos. Todas las casas de seguridad estaban construidas de la manera en que Elefante ordenaba: en lugar de recámaras tenían departamentos, con entradas independientes, sala, cocina y baño propios; las paredes tenían un recubrimiento de acero que las protegía de balaceras; las puertas estaban reforzadas con un doble esqueleto de herrería y tenían chapas bancarias, y los vidrios de las ventanas tenían protección antibalas. En todas las casas había escondites para guardar armas y drogas, muchos de los cuales podían servir también de entrada a túneles subterráneos que conectaban a otras propiedades. Cuando lo conocí, lo único que Elefante me dijo fue lo siguiente: "Esta casa es utilizada exclusivamente para matar".

Elefante era el pilar absoluto de la organización. Durante mucho tiempo había urdido su poder basado en códigos inquebrantables de lealtad, los cuales debían ser respetados a rajatabla. Perteneciente a una familia de abolengo de narcotraficantes, Elefante es, o era, amigo de políticos, y compadre de varios de los otros capos. Mi antiguo jefe pertenece a la generación que creció al servicio de los capos más legendarios, los de la década de los setenta. Se trata de un hombre que conoce las bases más elementales del negocio: desde el cultivo de mariguana en los estados del centro y la costa del Pacífico, hasta las rutas de trasiego que desembocaban en los Estados Unidos. Había decidido concentrarse en el tráfico de cocaína —por eso controlaba el aeropuerto de la ciudad de México— y no inmiscuirse en el proceso de cultivo de otras drogas, que tampoco traficaba, aunque estaba aliado con organizaciones que fabricaban y exportaban drogas sintéticas. Elefante, pues, se dedicaba exclusivamente al tráfico, el cual él mismo decidía cómo llevar a cabo; a veces transportaba la droga en latas con etiquetas de comida. Tiempo después, cuando las medidas de seguridad en la frontera se reforzaron, una parte importante de la droga que tenía como destino los Estados Unidos se quedó en territorio mexicano y el consumo nacional aumentó vertiginosamente, eran los últimos años de la década de los noventa. Tiburón, a diferencia de Elefante, advirtió en este hecho una oportunidad de negocio y la droga comenzó a venderse muy bien en territorio nacional, lo que revolucionó por completo la realidad del país, de los cárteles y del gobierno.

Ya como sicario, y luego como jefe de sicarios de la organización para la que trabajé durante tantos años, tenía que asegurarme de que los ajustes de cuentas se cumplieran, manteniendo así el orden al interior del cártel. Entre mis funciones principales no estaba la de enfrentar a los narcotraficantes de los grupos contrarios, pues el sistema de alianzas que Elefante había establecido nos permitía trabajar con cierto orden. La mayoría de las ejecuciones, pues, era de traidores a la organización. Sin embargo, todo cambió cuando

Tiburón convenció a Elefante de invertir en el negocio del narcomenudeo, confiado en el apoyo preferencial que por entonces recibía de las autoridades. Gracias a mi compadre y a su alianza con un hombre al que apodaban Caballo, el futuro de la organización, que en efecto creció con rapidez, no tardaría en ser muy distinto. Aunque sobre esto abundaremos posteriormente, adelantemos aquí un poco sobre el tema.

Después de empezar a vender la droga en México, el negocio se extendió de tal manera que Elefante fue perdiendo el control lentamente, en todos los sentidos. La red de narcomenudistas trabajaba con mucha independencia y Tiburón cada vez tenía más poder, situación que Elefante aceptó, incluso podría decirse que solapó, porque su brazo derecho le había dado a ganar muchísimo dinero y porque estaba casado con su hija, exactamente las mismas razones por las que el jefe solapó a mi compadre cuando se robó el cargamento de cocaína base de los capos colombianos, hecho con el que empezó toda esta historia. Luego de volver de su reclusión en el rancho, Elefante había dejado que Tiburón se hiciera cargo del narcomenudeo, mientras él reanudaba los contactos con Sudamérica, rotos por la presión política de Estados Unidos sobre el gobierno mexicano, la cual había precipitado la captura de varios jefes del narcotráfico, por lo que los cárteles que controlaban dos de las fronteras con Estados Unidos habían quedado sin cabeza. Era, pues, el momento de restablecer las alianzas. Mientras Elefante tejía en lo alto, Tiburón lo hacía sobre el terreno y al interior de las corporaciones gubernamentales. Al mismo tiempo, el ejército de sicarios de Tiburón no paraba de crecer, pues para colmo se había percatado de que sus grupos rivales habían empezado a reclutar pandilleros extranjeros, tanto de la *Mara Salvatrucha* como de la *Mexican Mafia*, y hasta kaibiles.

Fue por entonces cuando mi compadre hizo que Elefante comprara, en medio millón de dólares, la protección de un poderoso directivo de la Procuraduría General de la República. Éste era el único funcionario de alto nivel que no conocía a Elefante, un licenciado obeso y bonachón; la primera vez que lo vi me hizo pensar en una enorme ballena. El güey nunca había ejercido un cargo relacionado con labores policiacas y no tenía ni idea de lo que estaba haciendo, quizá por eso, cuando se pusieron en contacto con él, pidió entrevistarse directamente con Elefante, en un restaurante argentino ubicado sobre la avenida de los Insurgentes, en la ciudad de México.

Acompañé al jefe a la cabeza de su escolta. Una vez sentado en la mesa, Elefante miró al licenciado fijamente a los ojos y se tomó su tiempo antes de hablar, sin dejar de observar a su interlocutor y sin molestarse con el silencio. El ambiente se tensó. Advertí que el capitán de meseros se acercó a toda prisa, conocía al licenciado y le hizo una reverencia exagerada, ofreciéndole una botella de vino. Elefante no sabía de vinos pero el licenciado Ballena sí. Con una amabilidad que colindaba con la ñoñería, el funcionario pidió que se le dejara ordenar a él la botella. “Para poder hacerlo, necesito preguntarle tres cosas —abrió los ojos hacia Elefante—. Dígame, estimado señor, cuál es su fruta favorita, qué estación del año le gusta más, y si pudiera elegir, dónde viviría, en Francia, Italia, Chile o Australia."

El silencio se tornó aún más insoportable. Miré a Elefante fruncir el ceño mientras el licenciado Ballena sonreía ridículamente. Todos permanecieron callados. Por su parte, el capitán de meseros, que seguía presente, se puso rojo y desorbitó los ojos, enfocándolos hacia el centro de la mesa, luego volvió a inclinarse:

—¿Gusta ordenar su vino, licenciado?

—Muy amable —respondió—, pero aún no hemos decidido.

Enseguida volteó a ver de nuevo a Elefante y retomó su inmensa y ridícula sonrisa. Yo pensé que estábamos ante un retrasado mental absoluto. Elefante acercó el cuerpo hacia la mesa y con el dedo le pidió al licenciado que se acercara.

"Mira —le advirtió despacio y con voz muy baja—, ¿crees que volé hasta acá para hablar contigo sobre el puto clima?"

Durante el silencio que siguió pensé que el capitán de meseros se desmayaría.

"Pinche gordo, joto, hijo de tu putísima madre —susurró Elefante al oído del funcionario—, por mí te puedes meter todas tus frutas favoritas por el culo. Métete una puta piña si quieres, pero si no quieres que te meta yo una bala vas a dejarte de todas estas mamadas y vas a ponerme un chingo, pero un chingo de atención. No vivo en Francia, en Italia, en Chile ni en puto

Australia, porque aquí, óyeme bien, aquí es donde está mi negocio.

"Tú sabes de qué se trata mi negocio, así que nos ahorraremos pagarte una puta botella de vino, es más, nos vamos a ahorrar esta puta comida, me voy a ahorrar ver tu pinche cara de mongol yendo directamente al pinche grano: a partir de ahora trabajas para mí. ¿Me oyes? Tú eres mío. Dejé que me conocieras nomás para que sepas quién es el verga. Dejé que me conocieras para que sepas quién es tu padre, pinche chilango maricón de mierda. Sé que mi gente ya habló contigo y te dijo qué hacer. Sé también que mi gente ya te dio tu dinero. Ese dinero salió de mí, pinche joto de mierda, no lo olvides, tú comes de mi mano."

Instantes después nos levantamos de la mesa y dejamos al licenciado Ballena solo, sin sonrisa y sin vino.

Aunque no es ningún descubrimiento, la verdad es que en este negocio trabaja un chingo de gente del gobierno. Por eso lo que deben reconocer los presidentes es que ellos mismos no son sino seres gobernados por la industria del narcotráfico, que no son sino gatos del mercado. Lo que deberían reconocer los presidentes de México es que nadie va a parar lo que el gobierno mismo trafica. Cuando yo jalaba para el cártel, algunos mandos públicos recibían pagos de entre ciento cincuenta y cuatrocientos mil dólares por brindarle protección a nuestra organización. Al principio sólo filtraban la información referente a cateos, operativos, decomisos y detenciones, pero luego, porque así lo quiso Tiburón, empezaron a realizar también labores de inteligencia contra otros cárteles. El licenciado Ballena fue uno de los ponededos a los que más dinero se le dio, y aun así traicionó al cártel brindándole protección al grupo con el que Tiburón se enemistó tras incursionar en el negocio del narcomenudeo.

"Hoy no harás la ronda de costumbre, hoy vas a darle piso a la gorda", recuerdo que me dijo Elefante el día que nos envió a mí y a mi compadre a cumplir con el encargo.

Horas después de ejecutar al licenciado Ballena, como ya les conté, mis jefes hablaron conmigo y me explicaron el plan que al final no fue sino una trampa para acabar con mi vida, no les importó entonces que yo, además de siempre haberles sido fiel, hubiera sabido mantener mi lugar en el cártel a costa de fuego y sangre, lo que, créanme, no son chingaderas. Al interior de nuestra organización se me respetaba y envidiaba al mismo tiempo pues a mi corta edad había hecho mucho más en favor del cártel que cualquier otro gato; era limpio en mi trabajo y jamás despilfarrador. Entonces, ¿por qué me mandaron matar mi jefe y mi compadre? Pues porque Tiburón pensó, además de que tenía que salvar su pellejo, que en cualquier momento yo ocuparía su lugar. Y no sólo porque era, como dije, respetado, temido y reservado, también porque mi vida no iba más allá de la organización, es decir, porque el único tiempo libre que tenía lo dedicaba a ejercitarme al aire libre o esporádicamente en gimnasios.

Yo nunca llamé la atención, siempre evité los cortes de cabello tipo militar, tan comunes entre gatilleros, y usé ropa formal. Hasta cierto punto, siempre me incliné por el viejo dicho que dice: como te ven, te tratan. Ahora, sobra decir, todo es diferente: decido entre ponerme una camiseta o lavarla para que esté limpia al día siguiente; antes la ropa deportiva era mi ropa de emergencia, hoy es el único cambio que tengo; antes la gente común y corriente, cuando me llegaba a ver en antros o restaurantes, me respetaba, y yo sentía que incluso me admiraba; hoy tratan de pisotearme todo el tiempo. Me he convertido en su igual, hoy soy uno más y esto es frustrante. Está culero ser normal, ser igual que el resto de la plebe. En su momento tuve a más de cien personas a mi mando, entre gatilleros, policías y distribuidores de droga; tuve dinero y, más importante aún, poder: con poder haces lo que quieres mientras que con dinero sólo compras algunos favores. Dejar el poder ha sido una de las cosas más difíciles. Por supuesto, otra ha sido dejar de matar. Sí, extraño matar, sobre todo en ciertas ocasiones, cuando la vida me pone enfrente de cabrones pedantes, altaneros y bravucones. Si no lo hago es no sólo porque ya no estoy arriba, sino porque al final he comprendido que qué más da: nada va a cambiar, el mundo es así y no seré yo quien lo transforme. Eso sí, si por alguna razón volviera a dedicarme a lo mismo lo haría por mi propia cuenta, sin tener que responderle a nadie por mis actos y cobrando lo que yo quisiera. Volver a trabajar para un cártel sería caer en el mismo error: convertirme en un peón sacrificable. Y esto lo digo no sólo por mi experiencia personal, sino también a nombre de los sicarios que conocí cuando fui testigo colaborador de la Procuraduría General de la República, a través de quienes descubrí que esto mismo sucede en todas las organizaciones criminales del país. Al final, todos los cárteles actúan de formas muy parecidas. Lo digo en muchos sentidos; por ejemplo, todas las organizaciones se sirven de agentes federales como Alacrán, es decir, güeyes corruptos que ayudan a los cárteles a utilizar a México como trampolín, tanto para exportar la droga a los Estados Unidos y a Europa como para distribuirla y venderla en las tienditas del interior del país. La policía incluso hace parte del trabajo más sucio de los cárteles: secuestrar, que es precisamente lo que Alacrán hizo conmigo antes de intentar venderme a Elefante y Tiburón, situación a la que aquí volvemos.

Después de secuestrarme, amenazarme, pasearme y golpearme hasta cansarse, los agentes de Alacrán me cubrieron los ojos con un trapo que en cuestión de segundos se humedeció con mi sangre y mi sudor. Por supuesto, seguía atado a la silla y ellos seguían azotándome la cabeza. Entonces sentí una navaja de costilla pasar sobre mi espalda y escuché una voz que me pedía contar qué había pasado con mi puta.

"La mataste, ¿verdad, cabrón? Pues vas a terminar igual que ella, pero contigo vamos a hacerlo despacito."

Sin saber por qué, pensé en mi jefa, en mi mamá: miré en mi cabeza su cara ensangrentada y los moretones que le dejaba mi jefe, el muy culero de mi padre, cuando se la madreaba. Como si supieran lo que estaba pensando, los agentes me preguntaron si tenía familia. Tenía la boca seca y no quise contestar.

"¿No vas a contestar? ¿Qué diría tu familia si supiera que eres un pinche mugroso traidor?"

Tras su salivera los golpes se concentraron en mi rostro, particularmente en mi nariz, que pronto perdió toda sensibilidad. Sentía mucho frío. Después escuché que uno de ellos se acercaba por detrás y sentí que me rodeaba el cuello con una soga que jaló hacia la izquierda, tumbándome al piso nuevamente. La silla seguía pegada a mi espalda. Sin importar el peso, uno de ellos volvió a jalar la cuerda, ahora hacia la derecha. Dos de los agentes pararon la silla, apretaron más fuerte la soga y me sostuvieron para que el dueño de la navaja marcara una equis en mi pecho. Luego sentí la hoja fría en el cuello, mientras escuchaba la respiración agitada y brusca de los policías.

Inesperada y providencialmente sonó un radiolocalizador.

"Dígame, mi jefe —pronunció uno de los agentes—. Está bueno, ahora mismo lo llevamos… Que nos lo llevemos."

Los policías siguieron golpeándome en el pecho hasta que sentí entumecerse mis extremidades y perdí la conciencia.

III

La vida del sicario

Un sicario no duerme. Un sicario no lleva una vida "normal". Un sicario no tiene días de descanso. Cuando estás adentro de una organización, tus horarios son los suyos: cuando todos deben estar alerta, estás alerta, cuando todos se desvelan, te desvelas, cuando todos hacen ejercicio, haces ejercicio. Hubo una época en que por las mañanas todos recibíamos entrenamiento militar para el manejo de las armas. Igual, cuando todos van de fiesta, vas de fiesta; aun así, si estás en una discoteca, debes estar pendiente de tu radio y de tus celulares, y si te vas con una puta sólo puedes estar con ella media hora.

La vida del sicario no tiene las horas de descanso aseguradas, ni mucho menos bien establecidas. Hay que descansar como se pueda y donde se pueda. Yo, por ejemplo, descubrí a más de uno jetón cuando llevábamos las maletas de dinero al banco; el gerente, que nos esperaba en la puerta y luego nos hacía pasar a las cajas especiales en las que depositábamos, contaba los billetes, que eran un chingo. Otros sicarios, los de mayor jerarquía, claro está, éramos invitados a las fiestas de Tiburón: orgías multitudinarias con putas extranjeras. Con putas, perico y whisky. ¿Era yo de esa cura? No, a mí eso medio me cagaba. Para decirlo al chile: mi diversión era mi trabajo.

Las parrandas y el derroche que acostumbraba Tiburón eran descarados. En una de sus casas de seguridad, a cada rato hacía orgías con rucas suculentas que yo, como no bebía ni loqueaba enfrente de él, debía presenciar en silencio. Dejaba que me la mamaran una o dos putillas, pero al mismo tiempo me mantenía alerta, vigilando la peda de mi compadre. Por supuesto, a estas fiestas asistían diversos funcionarios y policías que disfrutaban a toda madre, pero que de vez en vez hacían alguna pendejada. Como es bien sabido, la peda te pone no menos bruto que un chango, pues además te suelta la lengua, situación que terminó costándole la vida a muchos changos, de los cuales, como acabo de decir, hay un montón al interior de la policía.

Uno de estos pendejos era jefe de la Policía Judicial del Estado. El chango al que me refiero era prepotente, altanero y hablador, más todavía cuando se ponía pedo. Ante la gente del cártel quería ser pura ternura: rendía una pleitesía media mamona que me hacía pensar que un día terminaría hincándose y metiéndose en la boca el pito de Elefante. Este jefe de la judicial era tan peculiar que durante las fiestas no se quitaba las botas ni para coger. Peor, no se quitaba la camisa de manga corta —que dejaba ver la esclava de oro con su nombre grabado— ni teniendo un buen par de tetas zangoloteándose en el pecho.

El Chango tenía a su mando una célula de judiciales que trabajaba para nosotros despejando las rutas por las que transportábamos la droga. Él nos abría las brechas y nosotros, es decir, el cártel, llevábamos a cabo el trasiego implementando los operativos junto con su raza. Grupos de hasta setenta personas, debidamente uniformadas, atravesábamos los retenes de soldados, donde nunca nadie se atrevió a detenernos. Éramos tantos y estábamos tan bien organizados que los retenes nos permitían el paso por ciudades y carreteras sin ni siquiera dudarlo. Hubo veces en las que estas puestas en escena fueron aún más descaradas. En una ocasión, cuando el Ejército decidió implementar un operativo conjunto con la judicial para allanar varias de nuestras casas de seguridad, los propios miembros del cártel participamos activamente en el cateo de aquella donde se hacían las fiestas. El Chango había logrado que esa casa fuera la única en ser cateada durante el operativo; ahí la cantidad de drogas y armas que se guardaba era mínima. Por situaciones como la anterior, el jefe de la judicial alegaba, de tanto en tanto, que necesitaba decomisarnos algo de droga y de dinero, pues únicamente así podría calmar a las autoridades.

"Por supuesto, la casa que cateemos seguirá perteneciendo al cártel y el cateo no pasará a mayores", remataba siempre el jefe, pinche Chango. Él ocupaba un puesto menor en el aparato de inteligencia de la organización, pero era pariente del gobernador, así que había que permitirle hacer su trabajo cada tanto, es decir, dejar que se parara el cuello con sus superiores. No fueron pocas las veces que el Chango nos "decomisó" cientos de kilos de droga: cocaína echada a perder, mariguana enmohecida y anfetaminas caducas que luego aparecían en las primeras planas de los periódicos nacionales, convertidas en el botín de la campaña contra el narcotráfico.

La última vez que pactamos una simulación en beneficio del Chango, el acuerdo fue el siguiente: la raza que traía este güey y la raza del cártel simularíamos un enfrentamiento, para el cual volvimos a elegir la casa donde Tiburón y el Chango, junto con todos nosotros, se divertían. La idea era aparentar que unos defendíamos un preciado cargamento mientras que los otros, los judiciales, intentaban arrebatárnoslo. El día indicado, cuando llegamos al lugar donde los policías ya estaban emplazados, Tiburón me dijo: "Pon atención al circo que va a armar el Chango dentro de un momento".

Salí de la camioneta y a los pocos segundos encaré al jefe de la judicial en las puertas de la casa de seguridad, quien nada más al verme llegar con mis gatilleros ordenó algo a sus agentes, que empezaron a correr de un lado al otro y terminaron ocultándose en la parte trasera de sus vehículos. Nosotros ni siquiera habíamos cortado cartucho y ellos ya se habían replegado en una escena que parecía el clímax de una película de narcos. Por supuesto, me pareció la cosa más pendeja del mundo. Ordené a uno de mis gatilleros que baleara las camionetas de los judiciales, tras lo cual nos fuimos del lugar, la neta no riéndonos, más bien como sacados de onda. A nuestras espaldas se quedaron abiertas las puertas de la casa de seguridad, de donde los judiciales se llevaron a un par de chalanes de nuestra organización, a quienes previamente Tiburón había acordado entregar, un poco de droga y algunas armas. Aquel día hasta la televisora local grabó el fin del operativo, cuando el Chango condujo a los detenidos, que eran unos gatos. Ni siquiera mangueras, como les dicen ahora, más bien los batillos más pinches del cártel, y aun así estaban encañonados como si fueran los delincuentes más peligrosos del país.

En el noticiario de la noche apareció el jefe de la judicial, visiblemente alcoholizado, alardeando sobre la importancia del operativo:

—Esta casa pertenece a un cártel de novatos que no pudo competir con nuestra estrategia policiaca. Hemos implementado un operativo basado en la astucia y la valentía porque eso es para lo que estamos, para impedir que la sociedad siga pudriéndose en manos de unos criminales que no están ni a nuestra altura.

—¿Qué fue lo que le aseguraron a este cártel? —preguntó el reportero.

—A pesar de ser unos novatos, les aseguramos un arsenal compuesto por un par de cuernos de chivo, tres granadas de fragmentación, varias cajas de cartuchos y algunos cargadores, así como un kilo de cocaína y treinta y cinco mil dólares.

El reportero de la televisión local terminó la entrevista agradeciendo, a nombre de todos los mexicanos, el valor del comandante. Por su parte, Tiburón, que había estado mirando la transmisión, soltó una carcajada: "Miren, si será cabrón, le regalé cincuenta mil dólares para su decomiso y el hijo de su rebomba madre declaró nomás treinta y cinco mil... no sólo tiene la lengua larga, también la mano".

"El pasado es el pasado y el presente es lo único que importa. Yo no pienso en el mañana ni mucho menos hago planes. Yo sé cuándo salgo de mi casa pero nunca sé si voy a regresar", solía decirle el Chango a mi compadre cuando éste le reclamaba sus excesos. La sabiduría del comandante terminó siendo profética porque, efectivamente, llegó el día del que nunca regresó.

Antes de seguir, vale la pena señalar que robarle a una organización criminal es grave no por el hecho mismo del robo, sino porque se le falta al respeto. Y todo mundo sabe que quien se pasa de verga está firmando su sentencia de muerte, sin importar cuántos años le haya dedicado o haya servido al cártel. A culeros como éstos, pasaditos de verga, son a quienes yo mataba no por gusto sino por obligación. Una vez alguien me dijo que el asesino por placer es aquel que mata por pendejadas: porque alguien se le quedó mirando feo o porque le tiraron un trago en la corbata. Conocí a muchos cabrones así. Yo nunca maté por placer, yo sólo maté por dos razones: porque si no mataba me ponían una putiza y porque si no mataba le regalaba vida a un güey que merecía morir, es decir, a un pasado de verga.

Pero regresemos a lo del jefe de la judicial. La casa de seguridad en la que se montó el falso operativo volvió a ser utilizada para las orgías de siempre apenas el sábado siguiente. Puesto que esa vez la fiesta empezó temprano, para la tarde el Chango ya estaba completamente ebrio y muy bien cogido. No le importaba ni siquiera derramar el costoso whisky sobre las nalgas de las putas extranjeras, que estaban perdidas en el viaje al que las conducía la pipa donde quemaban piedras enormes de cocaína base, droga que ese día, como era de esperarse, el jefe de la judicial consumió hasta empezar a delirar. Todos los demás invitados nos encontrábamos en plena diversión cuando el Chango, completamente eufórico y fuera de sí, comenzó a balbucear ante una pared: "No... no me maten... yo no quería hacerlo... me ganó la avaricia".

En la condición en la que se encontraba el judicial era normal experimentar delirios de persecución, razón por la cual al principio nadie lo tomó en serio. Pero como no paraba y ya tenía harto a todo el mundo, Tiburón sacó su verga de la boca de una puta y se dirigió hasta el Chango, a quien abofeteó tan fuerte que lo tumbó de nalgas. Con la boca y la nariz sangrando, el judicial siguió con su salivero: "Yo no te quería robar, por mi madre que no quería".

Al escuchar lo anterior, mi compadre prestó atención a las palabras del borracho y, amenazándolo con abofetearlo de nuevo si no le explicaba de qué carajos estaba hablando, exigió que le contara todo desde el principio.

Durante el operativo realizado la semana anterior, el Chango se había aprovechado de que Tiburón y su grupo más cercano se encontraban en el lugar del cateo, y mandó robar otra casa de seguridad de la organización mientras nosotros fingíamos el enfrentamiento. Ahí se había hecho con un botín apenas superior al del decomiso que salió en la televisión. Tiburón, evidentemente, se había dado cuenta de esto, pero se hizo de la vista gorda para no causarle un disgusto a Elefante. A fin de cuentas, se le había tolerado tanto al Chango que ¿qué más daba tolerarle una pasadita de verga más? Eran buenos tiempos y la mejor idea era mantener las cosas como estaban. El problema ahora, sin embargo, era que el asunto se acababa de convertir en un chisme, en una jodida confesión de ebrios; para colmo, enfrente de un chingo de personas, por lo que difícilmente el resto de los miembros del cártel seguiría tragándose la versión de que la organización había sido robada por un grupo enemigo. Tarde o temprano, pues, alguien iría por ahí a contarle lo sucedido a Elefante.

Apenas terminó de escuchar la confesión del Chango, Tiburón sacó su pistola.

Las primeras en salir de la casa de seguridad fueron las putas, quienes rápidamente, como pudieron, y entorpecidas por la parafernalia de la fiesta, abordaron una camioneta llevando sus ropas entre las manos. Mientras tanto, un par de gatilleros, todavía en calzones, sujetaron por los brazos al jefe de la judicial, que estaba completamente desnudo y sangraba del rostro, por los golpes que Tiburón le había dado, y de las nalgas, por los vidrios que al caer sobre la mesa de servicio se le habían enterrado. Yo busqué las ropas de mi compadre, quien se puso el pantalón.

"Tráeme a este hijo de puta a la cocina."

Aunque, como ya he dicho, yo no consumía drogas ni alcohol, esa vez me encontraba acelerado y mi corazón latía con fuerza por culpa de la humareda que habían dejado las putas.

Al entrar en la cocina mis ojos buscaron algo útil: pasearon por la alacena, por los cajones, por el fregadero, y finalmente se detuvieron sobre la estufa. Entonces le ordené a mis gatilleros que sujetaran al Chango cerca de la parrilla y que colocaran su mano sobre una de las hornillas. Luego le rocié la mano con alcohol, le di vuelta a la perilla y la flama envolvió su mano por completo. Aunque no recuerdo el olor de sus vellos quemándose, sí recuerdo su mano enrojeciendo y su piel inflándose hasta estallar, salpicándome de sangre. A pesar de que la droga le había permitido aguantar un poco lo que estaba padeciendo, el jefe de la judicial empezó a gritar cuando la llama se apagó. No sé si gritaba por el dolor o porque sabía que su tormento apenas estaba comenzando, porque sabía, pues, que si un sicario quiere mantener su puesto en una organización, debe esmerarse.

Mis ojos volvieron a deambular por la cocina y no se detuvieron hasta dar con la licuadora, que en aquel momento se me reveló como un trofeo. Ordené a mis gatilleros que lo llevarán hasta ahí, donde después de meterle la mano quemada hasta el fondo del vaso oprimí el botón de la velocidad más alta y su sangre volvió a salpicarme, pero esta vez en el rostro. El ruido de sus huesos me hizo pensar que estaba triturando nueces y sus gritos me hicieron perder la noción del tiempo.

Cuando jalé su brazo, a pesar de que la carne le colgaba, el comandante dejó de gritar y de quejarse. Sabia decisión has tomado, pinche Chango, recuerdo que pensé: callarte y no suplicar por tu vida. Ahora entiendo que lo que él quería era todo lo contrario: acabar con su existencia lo más rápido posible. Lo que siguió fue lo de rutina: lo llevamos al estacionamiento, le esposamos los tobillos y lo amarramos a la defensa de una camioneta. Tiburón fue quien condujo el vehículo. Mi compadre arrastró el cuerpo del primer comandante durante horas; aun así, cuando finalmente se detuvo, no había amanecido.

Tiburón ordenó a uno de los gatilleros que pusiera los restos en una bolsa, que los llevara de inmediato a su casa de seguridad y que los guardara en el refrigerador, pues su mascota no había comido desde hace dos días.

Cada vez que descubríamos una pasada de verga de un agente policiaco se hacía una reunión con los principales lugartenientes y sicarios del cártel, no para decidir su suerte, pues la muerte era obligatoria, sino para saber qué hacer después de ésta. Cuando matamos al Chango la reunión se llevó a cabo en casa de mi compadre, mientras su mascota se atascaba con la carne del comandante en la piscina. Era domingo al mediodía y mi cuerpo empezaba a manifestarme su cansancio. Cuando llegué al lugar, acompañado de mis gatilleros, había seis camionetas negras y en cada una seis hombres encapuchados, vestidos completamente de negro.

La lección no terminaría con la ejecución del jefe de la judicial, había que matar también a sus cómplices.

El primero al que visitamos fue al agente más ruco de la célula. Su ejecución fue rápida y silenciosa: las camionetas se estacionaron frente a su casa, uno de los gatilleros tocó el timbre y cuando su ruca abrió la puerta, entramos todos los demás. Lo primero que hicimos fue cachetear a la ruca, lo que sacó mucho de onda a su marido.

"Pinches cabrones animales, ¿qué les pasa?", nos dijo, antes de que me quitara la capucha para que me reconociera. Entonces el güey me espetó: "Ahorita mismo te va a cargar la chingada". Se buscó el celular en los pantalones. En ese momento entró mi compadre en la casa del ruco.

—Yo no trabajo con pasados de verga.

—¿De qué chingados estás hablando? —soltó el viejo. Luego se hincó, lloró y pidió perdón desesperado.

Sin importar lo que decía lo sujetamos y lo sentamos en una silla. Yo tomé un cable de acero y rodeé su cuello. Su ruca, sujetada por uno de los gatilleros, vio cómo la cabeza se le desprendía mientras la sangre borboteaba. Al final metimos la cabeza en una bolsa de plástico. Si su vieja hubiera estado buena nos la hubiéramos cogido, pero nos retiramos para ir en busca del segundo policía de la célula, que era el más morro de todos. Lo encontramos afuera de su casa, en la zona este de la ciudad. Estaba escuchando música a todo volumen, bebiendo y fajando con dos mujeres al interior de una troca. Mi camioneta se detuvo a su costado y descendí junto con dos de mis gatilleros. Cuando el agente nos vio buscó su fusca bajo el asiento pero antes de que la encontrara lo tomé de los pelos y lo saqué del carro. Mis gatilleros vaciaron sus cuernos sobre las mujeres. Luego arrastré al agente al interior de su casa, mientras era seguido por Tiburón y por el resto de mi gente.

"Qué compadrito tan cabrón me cargo —dijo Tiburón sin atender a los gritos del judicial—. No quisiera tenerte como enemigo", remató viéndome a los ojos.

Mientras el resto de las camionetas hacían guardia afuera de la casa, los gatilleros sujetaron al placa, que gritaba y jadeaba, a una silla. Mientras tanto, mi cansancio se hacía mayor, no había dormido en muchas horas. A la mitad de la primera vuelta del torniquete que improvisé para cortarle la cabeza al güey, me sentí muy mal, tenía que tomarme un respiro. Por su parte, el morro se convulsionaba, ahogándose. El trabajo lo terminó uno de mis gatilleros, que metió la cabeza del judicial en otra bolsa de plástico. Poco después seguimos nuestra marcha a pesar de que aún no sabíamos a dónde iríamos. El cielo ya estaba oscureciendo. Mientras dábamos vueltas, ningún gatillero dijo nada. Aunque cada vez sentía el cuerpo más débil, el corazón me latía con fuerza. Luego sonó una alerta en el radio de Tiburón. Le informaron la ubicación del tercer y último agente judicial que estábamos buscando y todos nos cubrimos los rostros.

Al llegar al antro de la zona fresona de la ciudad donde estaba nuestro objetivo, nos bajamos todos al mismo tiempo. Al vernos descender de las camionetas, los cadeneros del local corrieron de inmediato. En cuanto entramos en el antro, la poca gente que había comenzó a gritar y se dirigió en estampida a las salidas de emergencia. Descargamos los cuernos sobre un grupo de hombres que no se habían parado, pero no eran el judicial y sus amigos. Uno de mis gatilleros cogió del brazo a un mesero y le preguntó por el placa, éste no le supo responder y recibió un disparo en la cabeza. Entonces otro mesero señaló el baño, donde la gente se empujaba para lograr salir. Encontré al judicial encima de un escusado, intentando escapar por una ventana. Antes de que sacara su fusca lo jalé de una pierna, cayó al suelo y mis gatilleros lo arrastraron hacia afuera, hacia la pista, donde lo golpearon en la cabeza con las cachas de sus cuernos. El agente no gritaba ni lloraba: "Los va a cargar la chingada", decía.

Al escuchar el salivero ordené a mis gatilleros que terminaran el trabajo. Estaba súper madreado de cansancio y necesitaba aire fresco. Salí del lugar al mismo tiempo que Tiburón entraba para ver la última decapitación.

Ejecutar a una persona es tan agotador como ejecutar a varias, sólo que el cansancio no es físico. Yo nunca me sentí mal al momento de matar, pero siempre me sentí cansado. Algo muy adentro de ti te chupa la energía. Cuando estuve en la correccional de menores, escuché hablar a un pastor cristiano: "Hay cosas que uno hace que desatan luchas muy intensas al interior de uno —alegó—, y esas luchas cansan". Así que, luego de haber matado a los tres judiciales y a su jefe, llegué agotado a la casa de seguridad donde vivía, y me tiré sobre la cama. Luego boté mis zapatos, aflojé mi cinturón y desabotoné mi camisa para estar más cómodo. La habitación estaba en penumbras, iluminada apenas por una luz que se metía entre las cortinas. Durante un buen de rato sostuve mi fusca con ambas manos, frente a mi rostro, después volteé hacia uno de los lados y me percaté de lo negra que estaba una pared. Prendí la televisión y encontré una película comenzada.

Sangre por sangre trata el nacimiento de las pandillas de los barrios bajos de Los Ángeles. Aunque no la recuerdo completa, puedo decir que la cinta se desarrolla en los barrios marginales, donde la pobreza aumenta todos los días. Las pandillas se dividían entre chicanos, remedos del *Barrio 13* y la *Mexican Mafia*. Para formar parte de una de estas pandillas los personajes tenían que asesinar a un miembro del bando contrario, pues sólo así eran merecedores del tatuaje de la clica —como le dicen esos batos a las pandillas—, el cual se ponían en el antebrazo.

Sangre por sangre tiene dos protagonistas: el primero es un batillo que, tras haber sido internado por su padre en un colegio militar, se convierte en un miembro importante de una reputada agencia policiaca, y el segundo, que es primo del primero, es un batillo que siendo aún muy joven es arrestado por cometer un pequeño robo. Al llegar a la prisión, es discriminado por ser blanco y, tras defenderse de sus agresores, es reclutado por una clica que controla la venta de droga al interior del penal. Con el paso del tiempo, el morro no sólo se gana la confianza del jefe de la clica sino que se vuelve su brazo derecho y su sicario: él es quien asesina con un picahielos a los miembros de las bandas contrarias.

Poco después, y aquí ya entramos de lleno en la película, el jefe de la pandilla que controla la prisión, cuando está a punto de cumplir su condena y por lo tanto no le importa en lo más mínimo lo que pase o deje de pasar en el penal, ordena la ejecución masiva de los reos que en su momento le hicieron competencia. Como fecha para la matanza escoge una importante fiesta del calendario mexicano: el 2 de noviembre, día de muertos. La ejecución se lleva a cabo sin mayores problemas pero sus resultados escandalizan a toda la ciudad, por lo que las autoridades penitenciarias se ven obligadas a llegar a un acuerdo con el líder, que amenaza con ordenar otra matanza si le impiden su libertad. El gobierno ofrece respetar la libertad del reo si éste entrega a su brazo derecho, es decir, al responsable material del cagadero, quien al enterarse del pacto se adelanta a todos y asesina a su jefe. El protagonista de la película no sólo venga así la traición de su jefe sino que además evita el debilitamiento de la pandilla, que de permitir este tipo de acciones se precipitaría hacia su desmoronamiento. Tiempo después, cuando el batillo éste por fin deja la cárcel, también toma el control de la pandilla en la calle, situación que lo lleva a enfrentarse con su primo, quien para entonces ya es un policía con todas las de la ley, reputado y altamente reconocido. Al final de la película, los dos protagonistas terminan enfrentándose a balazos. El segundo le vuela un pie al primero antes de regresarlo a prisión, esta vez de por vida.

Sangre por sangre me gusta porque muestra los dos tipos de traición que, para mí, son los más duros que hay: la traición de tu jefe y la traición de tu familia. En el caso de la película la primera se da, creo, por debilidad: el capo se ha negado a seguir dirigiendo la organización y no le importa entregar a la plebe que trabaja para él, mientras que la segunda se da porque uno de los primos pone su trabajo por encima del parentesco. Lo más duro es que su jefe y su primo son la única familia que el protagonista criminal tiene en toda su vida. Su dolor, pues, es como el mío. Y aquí vuelvo a mi vida.

El cártel era mi familia, la única familia que tuve en la vida, aunque antes haya tenido una de verdad, si es que a aquélla se le puede llamar de esta manera. La mayoría de mis recuerdos de niño son culeros: me duele mucho hablar acerca de mi familia sanguínea. La última vez que vi a mi jefe, y aquí hablo de mi jefe de sangre, lo amenacé con un cuchillo: yo tenía nueve años y le dije que lo mataría si seguía golpeando a mi mamá. Tres años antes, cuando yo tenía seis años, fui violado. Aunque no quiero platicar sobre esto, no sé por qué tengo la sensación de que al hacerlo me sentiré mejor. Arrastro este dolor desde hace mucho tiempo: fui violado muchas veces, no por un hombre ni por un niño mayor, fui violado por mi tía.

Todos los fines de semana de aquel año mi papá me dejaba en el cantón de su hermana mayor, una buhardilla ubicada en el mismo barrio donde nosotros vivíamos. Mi tía no estaba casada y en las noches me llevaba con ella hasta su cama, me bajaba los calzones y empezaba a tocarme el pene, bajando y subiendo la mano hasta que éste se erguía. Entonces a mí todo esto me parecía normal, acaso me extrañaba que me diera mucho calor y que ella cogiera una de mis manos y se la metiera entre las piernas, luego debajo de sus calzones y al final entre sus pelos, hasta que éstos se humedecían. Para entonces la ruca gemía a un volumen muy bajo y cuando mi verguita ya estaba muy dura se la metía a la boca. Yo, que sentía cosquillas, miraba cómo ella se desnudaba por completo y se me montaba arriba. A los pocos meses me empezó a doler. Cada fin de semana, antes de empezar a chupármela, ella me decía que no me preocupara, que todo el asunto no tardaría y que el dolor se me quitaría con una sobada.

Con mi tía vivía mi abuela, quien todas las madrugadas se despertaba para orinar. A pesar de que la anciana hacía mucho ruido, mi tía nunca se despertaba, después de lo que me hacía terminaba agotada. Yo, en cambio, no dormía ni un minuto, me quedaba despierto toda la noche, con el dolor en el pene y una sensación de rareza, como si el cosquilleo viajara desde mis piernas hasta el estómago. Todo terminó la noche en que la abuela fue a orinar más temprano de lo acostumbrado y, al pasar frente al cuartucho de mi tía, escuchó sus gemidos. Mi abuela descorrió la tela que servía como puerta y vio a su hija encima de mí. Encendió la luz enfurecida, se acercó a la cama, cogió de los cabellos a mi tía, la agarró a madrazos hasta hacerla sangrar, me tomó de la mano y me llevó al baño, donde me metió a la regadera, me talló todo el cuerpo y me enjabonó el pene, todavía erecto, mientras me decía que jamás permitiría que aquello me volviera a pasar. Eso sí, mi abuela nunca le contó nada de esto a mi papá, por lo que seguí pasando los fines de semana en aquella casa, pero en la recámara de la abuela. Mi padre me llevaba ahí porque los fines de semana bebía con sus compas y, como ya les dije, le gustaba madrear a mi mamá sin que nadie lo viera para luego violarla.

La última vez que vi a mi jefe darle una putiza a mi jefa, como mencioné por encima hace un momento, el muy cabrón le dejó la cara completamente ensangrentada: sus mejillas y ojos estaban amoratados y su cabello era un remolino de mugre y costras. Cuando me le acerqué, la boca se me secó, quizás ésa fue la primera vez, y el corazón comenzó a latirme con fuerza. Corrí a la cocina y tomé el cuchillo para cortar cebollas. Sin detenerme a pensarlo mucho volví a la recámara de mis jefes, donde encontré a mí mamá rogándole a su bato que ya no la golpeara; no lloraba pero escupía sangre y hablaba muy bajito y muy lento. Mi jefe, sin escucharla, la seguía pateando.

"Deja a mi mamá, déjala o te mato, borracho", le grité. El bato volteó a verme con los ojos desorbitados. No podía creer lo que estaba escuchando. "Tú ya no eres mi papá", le dije. Luego me le abalancé con el cuchillo. Él me cogió por los hombros sin mayor esfuerzo y me lanzó contra la pared. Afuera, los vecinos gritaban y golpeaban la puerta, hasta mi abuela y mis tías habían llegado corriendo. Mi jefe se escapó por la ventana. Al final llegó la policía y se llevó a mi mamá al hospital.

Poco tiempo después agarraron al muy cabrón y lo metieron un año a la cárcel. El día que salió se fue a beber con sus amigos y en la noche volvió a casa como si nada hubiera ocurrido. Mi jefa se encerró en chinga en el baño y él, al verme, me tomó de los cabellos, me tiró sobre un camastro y me cacheteó mientras reía: "Qué guardadito te lo tenías, hijito de tu pinche madre —dijo—. Tú… cogiéndote a mi hermana".

No dejó de golpearme hasta que se cansó. Entonces tomó una chamarra y se fue de la casa. Nunca más volví a verlo. Pasaron dos días cuando mi madre me culpó de su abandono y me corrió. Dos años después comencé a robar carros y cuatro años más tarde cometí mi primer asesinato.

Tenía dieciséis años la primera vez que maté. Lo hice por reflejo, e inmediatamente después de disparar se me secó la boca, se me quitó el hambre y las manos empezaron a temblarme. Durante una semana no pude dormir, escuchando los gritos del hombre que maté aquel día. Todas las mañanas de aquella semana el bato con el que me inicié en el robo de autos y en el secuestro me consolaba: "Ni modo, así se dieron las cosas".

Habíamos decidido robar un coche para utilizarlo en el plagio del dueño de una cadena de abarrotes. Yo quería usar mi pistola pues nunca antes lo había hecho, quería utilizarla para amenazar al automovilista pero no para dispararla. Todavía me acuerdo que aquel día fue domingo y que eran las diez de la mañana.

La zona del centro estaba atascada por el tráfico. Sobre la calle Segunda, casi llegando a la avenida principal, un centenar de personas salía de tomar misa en la catedral. Yo quería hacer el jale lo más pronto posible, así que me acerqué al costado de una camioneta verde, pegué la pistola a mis costillas y al llegar a la ventanilla, mirando al anciano que la conducía, grité: "Bájate de la camioneta o chingas a tu madre".

El anciano se quedó paralizado y sus ojos se enrojecieron. "Bájate del carro o chingas a tu madre", volví a decirle y escuché el abrirse de la puerta del copiloto. Segundos después el bato que se había bajado de la camioneta estaba frente a mí, con una botella de cerveza vacía en la mano derecha. Me la arrojó y yo le disparé. Lo que más me dolió fue que el disparo se me salió, que ni siquiera le apunté. El nerviosismo fue el que hizo que saliera el balazo y yo nomás vi cómo el güey salió volando.

Aunque tardé mucho tiempo en asimilarlo, al final acepté lo que había hecho. Y cambié. Hoy puedo decir que en ese instante me hice hombre. La voz del bato que maté nunca se fue y todavía, cuando vuelve, me duele. Así como yo, su fantasma también se hizo grande. Tan grande que hasta pensé en él cuando Alacrán, con la ayuda de sus agentes, me secuestró. Aquel día, por cierto, también pensé en mi familia. ¿Por qué? No lo sé y creo que nunca lo sabré, pero así fue. Y fue también entonces cuando Alacrán dio la orden de que le pararan.

Vuelvo al momento en que me tenían levantado: los agentes me metieron al baño, me desataron y me bañaron con agua fría. Cuando volví en mí reconocí en el piso la sangre que escurría hacia la coladera. Un policía apagó la regadera, me dijo que no había con qué secarme y me dio un juego de ropa deportiva. Aunque era de madrugada, el dolor que sentía en todo el cuerpo me mantenía despierto. Alacrán llegó cuando ya estaba vestido: "Estás de suerte —me dijo—. Al cártel le importas un pito, así que no queda de otra que arrestarte y entregarte a la procuraduría". Sus palabras me dieron tanto coraje que lloré de rabia. Enseguida el trato que me daban los agentes cambió por completo, uno incluso me ofreció un cigarrillo mientras bajábamos hacia la calle, donde me subieron a una camioneta, pero ya no amarrado ni amordazado. Aunque el agua fría había cerrado las heridas de mi rostro, el movimiento volvió a abrirlas y sentí la sangre tibia escurriéndome por las mejillas.

IV

Las órdenes del cártel

Durante el tiempo que jalé para el cártel, las órdenes que recibí siempre fueron en aumento: más secuestros, más torturas y más ejecuciones. Se suponía, sin embargo, que había una línea imposible de cruzar, una barrera que impedía la existencia de una maldad aún peor que aquella que me rodeaba. Siempre pensé que esta barrera era infranqueable. Hasta que llegó al cártel el Santero.

El Santero era una persona educada, que vestía con ropas elegantes y cuyo estilo de caminar era muy delicado, igual que su manera de dirigirse a los miembros de la organización. La primera vez que lo vi, hasta me pregunté: ¿qué hace aquí este pinche maricón? Acercarse a la organización era difícil, pues las reglas de entrada eran realmente duras y violentas, más aún si se pretendía ingresar al círculo principal. En más de una ocasión vi llorar a gatilleros recomendados cuando los invitábamos a nadar a casa de Tiburón: en el mismo lugar al que habían ido a pedir trabajo o a solicitar ayuda tras cagarla, más de un sicario terminó convertido en comida de escualo. Sin embargo, el Santero nunca pasó ni por esta situación ni por ninguna otra que se le pareciera, era como si le tuvieran consideraciones especiales, las cuales incluían poder ir con Tiburón de arriba para abajo.

Antes de seguir con mi relato, o precisamente siguiendo con éste, quiero contar aquí una de las historias sobre el Santero que mayor impacto me causó. Cierto día, Tiburón me ordenó que le llevara un maletín a uno de los cantones que rentaba en las afueras de la ciudad, aclarando que debía hacerlo a la medianoche; a pesar de que la organización tenía casas de seguridad en diferentes zonas, ninguna estaba tan lejos como ésta. Al llegar al lugar, vi a una veintena de sicarios resguardando los alrededores. Conforme yo y mis gatilleros nos acercábamos al cantón, la luz que emanaba de su interior aumentaba de intensidad. Ya en el jardín, vi que había un borrego amarrado a un árbol para que no se escapara. Lo primero que miré al entrar en la casa fue un grupo de veladoras negras, al pie de la pared de la izquierda, y otro grupo de veladoras rojas, al pie de la pared de la derecha. Frente a éstas, Tiburón y el Santero, que vestían con batas negras de seda, quemaban hierbas en anafres sobre carbón enardecido. Lo primero que pensé fue que mi compadre, no sé si por desgracia o fortuna, se había vuelto homosexual.

Hasta ese momento yo no me había tomado en serio al nuevo amigo de Tiburón, sin embargo, el escenario que veía en la casa de seguridad era un mazazo de efecto perturbador. La iluminación era muy tenue y el olor de las hierbas muy intenso. Me encontraba muy sacado de onda cuando Tiburón se me acercó; me pidió que le entregara el portafolios, dentro del cual, supe entonces, había decenas de centenarios de oro.

Cuando tuvo el portafolios entre las manos, Tiburón se desplazó hasta una mesa con base de piedra y patas de madera gruesa, las cuales simulaban el tronco de varios árboles. Mi compadre vació los centenarios y con ellos formó un círculo sobre el suelo. Mientras tanto, el Santero agitaba con una escoba negra el humo de las hierbas, acto que fue haciendo cada vez más y más rápido. Conforme aumentaba la velocidad y la fuerza de las sacudidas, empezaron a escucharse unos gritos, una voz femenina pedía auxilio.

Del sótano sacaron a una mujer con las ropas desgarradas. Olía a estiércol, tenía el vientre abultado y se lo cubría con las manos, como intentando proteger lo que traía adentro. Entonces el Santero se acercó a la mujer y, alzando un cántaro pequeño frente a ella, la obligó a beber un líquido que inmediatamente la hizo vomitar y convulsionarse. Uno de los gatilleros la cacheteó, pero Tiburón lo detuvo: "A ella no la tocas".

El gatillero dijo que la mujer no les había dado problemas cuando la levantaron; de hecho, no había opuesto resistencia. Hasta dijo que su marido tenía dinero suficiente para pagar su rescate y el de su bebé.

"Más vale que no le haya pasado nada, cabrón", le dijo mi compadre al gatillero.

La atmósfera se fue haciendo más y más pesada al interior de la habitación en la que estábamos. Decidí salir al jardín.

Afuera, en el enorme jardín, entonces iluminado solamente por la luz que salía de la casa, me encontré con el borrego. Lentamente me acerqué al animal, cuya cabeza me costó encontrar entre sus carnes peludas. Cuando sus facciones fueron visibles para mis ojos, me encontré con que los suyos me miraban fijamente. Giré la cabeza para ver si alguien me había seguido y descubrí que estaba solo: todos mis gatilleros estaban adentro. Caminé alrededor del cantón, me sentí cansado, me recosté sobre la hierba y miré hacia arriba: el cielo estaba oscuro, repleto de nubes, y la luna estaba oculta. Luego cerré los ojos y me dormí inmediatamente. En mis sueños el borrego me hablaba en un pastizal enorme y negro. Por alguna razón, los matorrales estaban vivos y el borrego, que sentía la vida de estos matorrales, se negaba a comerlos. Entonces los matorrales envolvían poco a poco su carne peluda y el borrego me pedía auxilio. Me desperté de súbito. Las manos me temblaban. No sabía cuánto tiempo había dormido. Miré el reloj, sólo habían pasado unos minutos. Decidí volver a la casa.

Desde la entrada advertí a la mujer: estaba desnuda, acostada bocarriba sobre la enorme mesa, con las extremidades amarradas a las patas de ésta y con los ojos vendados. La protuberancia de su vientre lucía más grande, como si su bebé hubiera crecido durante los últimos minutos; aunque todavía lloraba, ya no estaba gritando. Alrededor de la mujer caminaba el Santero, quemando más hierbas y arrojando al suelo puñados de piedras negras en torno a los centenarios. Sobre cada pared había un pentagrama blanco invertido. Me quedé completamente callado. Tiburón me miró de reojo y me ordenó que metiera el borrego a la casa. Volví al árbol. Recordando mi sueño de golpe le acaricié la cara al corderito.

"¿Ya ves? ¿Para qué te portas mal? Ya te cargó tu pinche madre, así que camínele, güey, al matadero."

El animal caminó obediente a mi lado y entró conmigo en la casa.

"Esto es todo", escuché decir a Tiburón y me salí.

A los pocos minutos, desde afuera oí que el borrego berreaba. Enseguida su balido fue suplantado por los cantos del Santero. Busqué una ventana que diera a la estancia donde estaban mi compadre, la mujer y el brujo. Cuando la encontré me asomé y esto fue lo que miré: Tiburón sostenía una vasija con sangre, supongo que del borrego, mientras el Santero vertía la sangre de otra vasija encima del vientre de la mujer, que seguía atada. Junto a una de las patas de la mesa había un cuchillo y un machete manchado de sangre. Ambas armas tenían la empuñadura chapeada con lo que, supuse entonces, era oro. Junto a otra de las patas de la mesa yacía la cabeza del borrego. Sus ojos seguían abiertos y parecían observarme fijamente. Justo en el instante en que volteé a verlo, el Santero tomó el cuchillo del suelo y lo alzó, al tiempo que aumentaba el volumen de su canto. Tiburón dejó sobre el suelo la vasija que había estado sosteniendo y se encueró. El Santero se acercó entonces a la mujer. Con el cuchillo abrió de un tajo su vientre y le extrajo al bebé. Lo cogió por las piernas y lo degolló de un corte.

Al final del ritual, Tiburón y el Santero se bebieron la sangre del bebé. Detrás de la ventana, el cuerpo me temblaba. Quería vomitar. Decidí esperar a que todo terminara encerrado en mi camioneta.

Poco tiempo después de esa noche, escuché que Tiburón y Elefante alegaban. Frente a ellos, un par de gatilleros cuyas cabezas estaban sangrando, estaban arrodillados. Hablaban acerca de otra mujer embarazada que habían intentado levantar, pero que había resultado ser familiar lejano de cierto político del noroeste del país. Todas las autoridades la estaban buscando, incluso aquellas que estaban en la nómina del cártel. La historia de esta mujer había acabado mal porque al momento del levantón, uno de los gatilleros accidentalmente la baleó. Poco después el gatillero también se murió, pero ejecutado por mí. No lo maté de la misma manera que si hubiera sido un gatillero de un cártel enemigo.

En palabras de Elefante, la muerte de un rival debía ser un mensaje contundente, por lo que muchas de estas ejecuciones incluso las grabábamos. En un video, por ejemplo, aparece un hombre semidesnudo y amarrado a una silla: sus genitales están cubiertos por unos calzoncillos azul oscuro y detrás de él hay cuatro hombres uniformados de negro, fuertemente armados y con los rostros cubiertos con mallas negras. En el cuerpo del hombre amarrado, cuyos ojos están vendados, no hay ni un solo golpe. Por supuesto, en la escena todo está en silencio. Pero entonces uno de los uniformados se dirige al hombre y le pregunta cómo se llama, y así comienza un interrogatorio.

—¿A qué te dedicas?

—A traficar cocaína —contesta una voz tranquila.

—¿Cuál es tu misión?

—Obedecer las órdenes de mi capo, entre las que está ejecutar a los miembros de la competencia.

—¿Qué andabas haciendo en nuestra plaza?

—Ganar terreno…

—Que qué andabas haciendo en nuestra plaza…

—Ganar terreno a los cárteles enemigos.

En ese momento el hombre de los ojos vendados empieza a respirar más hondo y de manera acelerada mientras su voz tiembla:

—Ganar… terreno… a los cárteles… enemigos… con ayuda… de las… autoridades… locales.

—Muy bien —asevera uno de los uniformados, al tiempo que otro pone una cuerda de acero en el cuello del hombre sometido y empieza a apretarla hasta que gime y luego se ahoga.

Un mes después de la muerte accidental de la mujer que habían levantado, me enteré de que Tiburón y el Santero tenían una nueva forma de conseguir a sus víctimas. Aunque no era de mi incumbencia, pues de los secuestros de mujeres se encargaba la escolta de mi compadre, escuché que el asunto se había resuelto. Empezaron a traer a las mujeres de las comunidades más jodidas del centro del país, en muchas de las cuales ni siquiera había hombres, pues todos andaban de mojados. La gente de Tiburón compraba a las mujeres, que eran vendidas por sus familias a cambio de muy poco dinero.

La época en la que apareció el Santero fue la misma en la que los jefes cambiaron por completo: sus joyas se transformaron y sus relojes fueron sustituidos por cadenas con estrellas invertidas, cabezas de chivo y relicarios miniaturizados. A todos, sin excepción, se nos invitaba a participar de los rituales del Santero, aunque nunca se obligó a nadie. Aparte del dinero que recibía por nómina, el Santero cobraba seis mil dólares por cada miembro del cártel que asistía a sus celebraciones, las cuales se realizaban todos los meses, a la medianoche, en casas que Tiburón alquilaba a las afueras de la ciudad. También fue el periodo de mayor expansión del cártel.

Como toda época dorada, la nuestra trajo, además de crecimiento, estabilidad: fue el tiempo en que nuestro cártel no tuvo ni una sola bronca. Los cargamentos nos llegaban con prontitud, los pagos de las nóminas no se retrasaban y los envíos arribaban a su destino sin contratiempos. La organización era una máquina perfecta de hacer dinero.

Por entonces nuestro cártel lavaba su dinero básicamente a través de Cocodrilo, un distinguido miembro de la aristocracia empresarial del norte de México, joven, frívolo y engreído. Cocodrilo era el prestanombres favorito de Elefante, quien gustaba de llamarlo "mi contador". Le llamo en estas páginas Cocodrilo debido a que solía tener una afición bastante arraigada a la materia prima de nuestro negocio.

A pesar de haber nacido en el seno de una de las familias más acaudaladas de nuestro país, Cocodrilo había erigido por sí solo una enorme red de negocios inmobiliarios que crecía vigorosamente y patrocinaba tanto cocteles de beneficencia como campañas electorales. La esposa de este muchacho era una hermosa mujer que también disfrutaba, con peculiar exceso, los placeres de pertenecer, aunque fuera indirectamente, a la mafia. A pesar de que tenía casi cuarenta años (siete más que su marido), los avances de la cirugía plástica le permitían presumir una anatomía de sublime perfección: su cuerpo voluptuoso y firme, sus tetotas bien bronceadas y su culito bien duro y sabroso. Lo que tenía de buena lo tenía de coqueta, la cabrona, aunque los gatilleros que la cuidaban decían que más bien era una calientahuevos. A su marido le valían verga estos rumores.

Cocodrilo trabajaba sólo durante las mañanas, pues luego acudía con políticos y socios a comidas que se extendían muchísimo y que generalmente terminaban en uno de los departamentos de la organización, donde todos se enredaban con putas traídas desde países como Argentina o la ex Yugoslavia. La mayoría de estas rucas trabajaba en agencias de modelos de la ciudad de México, así que el cártel las volaba hasta acá, donde se quedaban unas ocho o nueve horas. Sin lugar a dudas, Cocodrilo era uno de los que más gozaba de esta compañía. Coco solía encularse seguido con estas viejas, de modo que nunca tenía energía ni ánimo para atender a su esposa. La singular pareja tenía una hija de cinco años, a la que Cocodrilo, cuando regresaba a su casa durante la medianoche, con la mandíbula completamente trabada, le gustaba ver dormir durante unos minutos. Después cerraba la puerta y se dirigía a su habitación, donde abofeteaba a su mujer para luego violarla una, dos y hasta tres veces antes de dormirse. Me llegué a enterar que sus escoltas, mientras todo esto sucedía, soltaban sus cuernos de chivo y se masturbaban pensando en sus patrones.

Cocodrilo, además de ser el titular de muchas de las propiedades del cártel, era el dueño de la empresa de seguridad privada que expedía las credenciales gracias a las cuales todos podíamos portar armas; además era sobrino de un general perteneciente al Estado Mayor Presidencial. La verdad, debo confesar que yo admiraba el buen gusto de Coco: los muros de su casa eran inmensos, hechos de piedra de cantera, y el circuito cerrado de cámaras de seguridad ni siquiera se veía. Pero no sólo su manera de vestir y de escoger el mobiliario de su casa me gustaban, también me divertía su humor. Por ejemplo, me daba un chingo de cura la enorme fuente que había mandado colocar en el centro de su jardín, sobre la que se erigían cuatro musas sostenidas de los pies por un demonio de mármol negro inesperadamente parecido al dueño de la casa. La educada pareja de mastines que habían criado los sirvientes miraban a su patrón durante horas, petrificado en dicha escena.

En cambio, lo que no me gustaba de Cocodrilo era su estupidez: el contador gastaba mucho más dinero del debido. Luego de putearse a su mujer, por ejemplo, le entraba un remordimiento tan grande que le compraba regalos muy ostentosos. Esto se convirtió en un problema muy pronto, pues la cantidad de polvo que Cocodrilo esnifaba también fue en aumento, lo que elevó el número de golpizas, y por ende el de los regalos: joyas, animales exóticos y hasta propiedades. La zorra de su mujer aguantaba estoicamente las zurras mientras generaba una pequeña fortuna. Por supuesto que a Elefante esto le hubiera importado un carajo, pero los gastos alcanzaron el absurdo: el muy cabrón llegó a regalarle a su mujer un pequeño yate que tenía anclado en San Diego, California. Y al gasto absurdo siempre le sigue la falta de liquidez. El dinero comenzó a hacer falta, a pesar de que el negocio iba en bonanza. Cocodrilo primero aseveró que era debido al retraso en los pagos de algunas constructoras afiliadas a la empresa inmobiliaria a través de la que se lavaba el dinero, que era cosa de días, tal vez de un par de semanas, pero que todo se arreglaría.

Pero las cosas no se arreglaron y el par de semanas se convirtió en varios meses. Entonces Elefante me pidió que me hiciera cargo del asunto, por lo que le pedí a Cocodrilo los nombres de los deudores. Él me garabateó un par de nombres, supongo que los primeros que se le ocurrieron. A la mañana siguiente me presenté ante Coco y puse sobre su escritorio una bolsa de plástico, adentro de la cual estaban las manos de los empresarios. Por poco se caga en los pantalones. Esa misma mañana su mujer tomaba el desayuno con otras damas de la alta sociedad, ahí se le soltó la lengua y le confesó a una mujer, una amiga muy cercana, lo que en verdad sucedía. Como a todas las mujeres les gusta el mitote, el rumor llegó hasta los oídos de Elefante. Una vez que los jefes del cártel ya sabían que su prestanombres favorito les robaba, Cocodrilo presintió que algo le ocurriría, así que huyó del país con una de las putas con las que solía divertirse. Al muy cabrón ni siquiera le importó su familia, pues dejó a su mujer y a su hija a merced de la organización.

Elefante mantuvo viva a la familia de Cocodrilo, como si nada hubiera ocurrido. La esposa abandonada realizaba sus actividades con normalidad, pero con el doble de gatilleros haciéndole de escolta. Por supuesto, Elefante me pidió a mí que me hiciera cargo y me mantuviera cerca de la mujer y la niña: "Si tienen que ir al baño, al mismo baño las acompañas, si llega la hora de dormir, en la misma habitación me las vigilas", me dijo el jefe.

Durante dos meses se prolongó esta situación, de modo que hasta llegué a acostumbrarme a vivir con la familia de Cocodrilo. Eso sí, era un infierno lidiar con la pequeña malcriada, pero un placer pasearme con su madre, para quien yo era un simple gato, pero un gato con el que cada día que pasaba le gustaba coquetear un poco más. Por supuesto, siendo hombre, yo me fui envalentonando con el paso de los días y llegué al punto de decidir corresponder los escarceos de la esposa abandonada. Por suerte para mí, el día que haría mi primer acercamiento recibí una llamada providencial: Cocodrilo había aparecido.

Encontraron al contador en Panamá mientras retiraba una importante suma de dinero en un banco de la capital de aquel país. El muy pendejo llamó la atención de un asaltante tras salir del banco con dos enormes maletines, asaltante que resultó trabajar para un gatillero panameño, que a su vez trabajaba para el capo colombiano con el que nos habíamos asociado hacía varios años. Qué mundo tan chiquito. El asaltante levantó a Coco como parte de los secuestros rutinarios que se le ordenaban para obtener dinero extra. Cuando le quitaron la capucha en una bodega ubicada no muy lejos del Canal, el contador comenzó a alardear diciendo que pertenecía a un cártel muy poderoso: "Si no me sueltan los va a cargar la chingada", gritaba Coco.

El asaltante, que no sabía qué pensar, optó por llamar a su patrón, quien a su vez le habló al capo colombiano, que a su vez se comunicó con Elefante. Al día siguiente Cocodrilo fue enviado a México, donde su antiguo jefe lo esperaba más que ansioso.

Tiburón fue quien me llamó para avisarme que ya tenían a Cocodrilo en su cantón, el de mi compadre, a donde tenía yo también que ir.

"Sólo faltas tú para que comience la fiesta."

El ratero panameño, por supuesto, fue recompensado con las pertenencias de Cocodrilo, quien aparte del dinero, llevaba consigo un pasaporte que había sido estampado en todo el continente, en fechas separadas por tres y cuatro días. Sin importar su jerarquía, todos los miembros del cártel merecían el respeto de la organización: desde el mandadero hasta el capo. Pero por lo mismo, la traición de cualquiera de los miembros era reprobable con la misma intensidad: su ejecución, como ya dije, tenía que ser un ejemplo.

Elefante llegó a la casa de mi compadre tan sólo unos minutos después que yo. Coco estaba esposado a una silla, semidesnudo y sin un solo rasguño. En el momento en que Elefante y él cruzaron miradas, lo juro, el tiempo pareció detenerse: escaseó el aire y ni un solo sonido se escuchó.

"¿Cómo está, mi contador?", fueron las palabras que el jefe eligió para acabar con el silencio. Y su contador se soltó a llorar.

"Estoy muy contento de que hayas regresado —dijo el jefe después de un par de minutos—, siempre has sido mi socio favorito, me cae que te considero familia. Además estoy contento porque has llegado a tiempo para el cumpleaños de tu hija. Y como la gran familia que somos, celebraremos juntos."

Tiburón me ordenó traer a la familia de Cocodrilo de la recámara a donde, previamente, había encerrado mientras llegaba Elefante. Cuando me apersoné con ellas, la mujer tenía el rostro desencajado y estaba a punto de llorar. Por su parte, la niña parecía indiferente a todo, pues al ver a sus progenitores no hizo ningún gesto o mueca: era como si no le importara un carajo que su padre estuviera desnudo, llorando y con las extremidades atadas a una silla. Detrás de la morrita uno de los escoltas cargaba un enorme pastel de cumpleaños, así como una bolsa de plástico con gorritos y silbatos. De pronto la niña pareció salir de su letargo.

—¿Por qué estas amarrado, papi?

—Porque vamos a jugar un juego.

—¿Y por qué estás llorando?

—Porque estoy muy contento de verte.

La esposa y madre, que miraba la escena desde una esquina, comenzó a llorar.

"Vamos a sentarnos a comer pastel, compadrito", me susurró al oído Tiburón. Advertí que el compadre estaba agarrando un chingo de cura.

Los gatilleros que habían servido como escoltas de Cocodrilo amenizaron la reunión: uno infló los globos con el tanque de helio que habían conseguido y otro arrojó confeti sobre sus ex patrones. Cuando el pastel y los refrescos se acabaron, Tiburón me pidió que fuera a donde estaba la esposa, que seguía llorando, ahora completamente enloquecida. Fuimos por ella y mis escoltas la sentaran junto a Coco, después de dejarla en ropa interior. La niña, que fue tomada en brazos por uno de los gatilleros, se opuso a éste mordiéndole la mano y golpeándolo con la cabeza. Se calmó tras recibir una bofetada del gatillero más joven de la organización, tenía diecisiete años y era el más loco de todos. Cuando los tres estuvieron sentados juntos, Elefante dijo, hablándole a la pequeña: "Dale gracias a tu papi por esta fiesta de cumpleaños".

Entretanto, el gatillero había empezado a quitarle la ropa. Frente a sus padres la violó. Luego le hizo varios cortes en el cuerpo con una navaja y la arrojó al tiburón que hasta entonces nadaba en la piscina al interior de la casa. Elefante estaba complacido. El compadre, por su parte, estaba visiblemente emocionado.

Después supe que a la mujer de Cocodrilo le pasó lo mismo que a la niña, pero no estoy seguro, pues a mí me tocó hacerme cargo del bato, a quien arrastré con todo y silla hacia el centro de la sala, donde Elefante alzó la mano para que me detuviera: "Quiero una muerte ejemplar —dijo—. Esto es lo que le pasará a quien tome un peso de más de mi bolsillo".

Fui a la cocina y busqué un cuchillo para cortar cebolla. De paso miré cómo el tiburón terminaba de deglutir el pequeño cuerpo de la niña. Elefante seguía hablando, otro sicario se había llevado a la ruca y dos gatilleros empezaban a golpear a Coco.

Una de las cosas que aprendí de la organización fue a nunca dejar huella, por eso siempre cargaba con un par de guantes de cirujano, que ese día me puse antes de coger el cuchillo y comenzar a cortar al contador. No me gustaba lo que hacía. Observé los pedazos de carne y la sangre que escurría más porque era mi trabajo que por placer. Tardé poco más de diez minutos en cortar la primera mano de Cocodrilo. Lo hice tan lentamente que sentí cómo se desprendían los ligamentos y los nervios, y miré cómo la vena principal de su muñeca explotaba convertida en una manguera. Su cuerpo sudaba y temblaba mientras su boca me suplicaba que acabara de una vez y sus ojos me rogaban que no lo hiciera sufrir más. Pero pues ¿qué chingados iba a hacer? Yo había recibido una orden.

"Así me pagas todo lo que hice por ti y por tu familia, culero —soltó entonces Elefante, a quien yo nunca había visto tan encabronado—: espero que hayas disfrutado mucho mi dinero, porque ya chingastes a tu madre... Drago, acaba ya con este culero."

Mientras cortaba el cuello de Cocodrilo, su sangre chorreaba por todos partes y el sonido que emitía era parecido al que hacen los puercos al chillar. Cuando terminé, cogí la cabeza por los cabellos y se la enseñé a Elefante, quien asintió sin decir palabra. Su cuerpo también terminó en la piscina de la casa, pero la cabeza fue metida a la cajuela de la camioneta de la mujer, la cual a su vez fue abandonada en la zona este de la ciudad, ya casi llegando a la carretera.

Antes de terminar este capítulo, quisiera contar que la mayoría de los asesinatos que comete un sicario están incluidos en el sueldo que cobra a su organización, el cual puede variar entre los cincuenta mil pesos y los cincuenta mil dólares. Sin embargo, cuando se trata del asesinato de alguien que se pasó de verga o de alguien a quien se conoce y con quien se ha trabajado durante mucho tiempo, al sicario se le ofrece una paga extra. Aunque hasta ahorita he mencionado decapitaciones, en las balaceras usábamos los tradicionales cuernos de chivo. Aunque éstos eran comprados en Estados Unidos, eran de fabricación israelí; el cártel tenía un armero que modificaba su funcionamiento para poder usarlos para ráfagas o tiros individuales. El armero también tatuaba las matrículas de las armas oficiales que nos daban los militares al servicio de nuestro cártel sobre las matrículas de nuestras armas no oficiales; era una verdadera obra de arte, y lo digo yo, que aunque prefería matar sin fusca, siempre me gustaron las armas. De niño solía escaparme a las afueras de la ciudad, donde tiraba pedradas a los pájaros y soñaba con tener una pistola para así matarlos a todos de un tirón.

V

Los clientes de la organización

Después de las ejecuciones de Cocodrilo y de su familia, Elefante debió buscar nuevas estrategias para lavar su dinero, que cada vez era más pues el cártel se encontraba en su mejor momento.

Fue así como el capo decidió invertir en una reputada agencia de promoción boxística, asociándose después con los propietarios de diversas arenas y gimnasios, y comprometiéndose a pagar las carreras de diversos pugilistas cuyos nombres, por razones obvias y tal como he hecho a lo largo de este libro con los nombres de los funcionarios gubernamentales y de los miembros del cártel, omitiré a pesar de decirles que entre éstos había varios ex campeones famosos. Poco tiempo después los viajes a la ciudad de Las Vegas se hicieron muy comunes y los negocios con apostadores de los Estados Unidos se convirtieron en otra buena vía para el lavado del dinero.

La remodelación de una de las arenas que Elefante adquirió en el centro del país, la cual estaba hecha un asco antes de cambiar de dueño, fue la demostración del entusiasmo que el jefe puso en su nueva empresa.

Una vez que el foro estuvo listo, se organizaron peleas todos los jueves a las ocho de la noche, así como los domingos a las seis de la tarde. Desgraciadamente para Elefante, pero providencialmente para el lavado del dinero, la arena, a pesar de sus lujos y de la enorme propaganda que se le hacía, apenas y llegaba a reunir unas mil personas con boleto pagado, cuyo costo rondaba los ciento cincuenta pesos. Por lo tanto, la ganancia era de ciento cincuenta mil pesos, de los cuales se tenían que sacar los sueldos de los pugilistas y de los empleados. Eso sí, todas las noches se vendía un montón de cerveza, ganancia con la que se pagaban los sobornos de las asociaciones boxísticas, de la seguridad y hasta del ayuntamiento. A primera vista estas cifras eran muy pobres, sin embargo le permitían a nuestra organización lavar la friolera cantidad de ochocientos mil dólares al mes, cifra que se multiplicaba absurdamente al sumar el resto de arenas y las demás inversiones en este rubro. Había tanto dinero que lavar y el negocio resultó ser tan bueno que Elefante decidió popularizar la arena y empezó a organizar funciones de lucha libre, a las que caían un chingo de morritos: sus jefes venían a saciar su sed con cerveza barata y los morros a entretenerse con el afeminado espectáculo de los enmascarados, mientras se empacaban de garnachas y palomitas.

Impresionado con el ejemplo de Elefante, Tiburón también decidió volverse empresario. Sólo que mi compadre, en lugar de invertir en pugilistas o en algún otro deporte, metió su dinero en el mundo de la telefonía celular, para lo cual acondicionó unas cuarenta propiedades en todo el estado, locales donde vendía teléfonos y ofrecía contratos con la marca más conocida del país. Por supuesto, mi compadre remodeló cada uno de sus locales, y en todos puso tecnología de punta. En total, su inversión fue de seis millones de pesos.

Yo, por mi parte, puse un lote de carros usados, los cuales compraba mi gente en yonques y subastas de los Estados Unidos, y un agente de aduanas que trabajaba para el cártel los pasaba al país. Acondicioné un pequeño taller de carrocería, en donde los arreglaba y los vendía a pagos. Puesto que no sabía nada acerca de ventas, ni tampoco acerca de carros, dejé que el negocio, que al final terminé cerrando, lo atendiera otra de mis gentes.

En aquel entonces el cártel realizaba los festejos familiares con pachangones donde actuaban diversos músicos de renombre, cuyos datos también omitiré pues varios de estos artistas, que recibieron grandes sumas de dinero de la organización, no sólo para tocar sino también para grabar sus discos, siguen en activo. No es secreto que muchos que andan en la artisteada se han metido al narco: ahí están los cantantes gruperos que han sido ejecutados por razones que yo, en lo particular, desconozco. Muchos conjuntos norteños amenizaban las fiestas familiares de Tiburón, Elefante y algunos otros miembros importantes del cártel, fiestas a las que de vez en vez también eran invitados boxeadores, luchadores y demás gente del medio del espectáculo. Mi comadre solía organizar cada año una fiesta infantil para los hijos de los parientes más cercanos de

Elefante: alguna vez hubo juegos mecánicos, y en otra ocasión llevaron a una tropa de luchadores, entre los cuales, todavía lo recuerdo, destacó uno cuyo nombre alude a los supuestos poderes de la especie porcina. Y digo destacó por la inmensa cantidad de cocaína que inhaló antes de salir a pelear frente a los niños, que emocionados coreaban su nombre. Por supuesto, no lo juzgo por haberse drogado, pero que no mame: hay otros lugares y otros momentos.

Estas reuniones eran muy distintas a las que se hacían con las putas. Cuando Elefante cumplía años, las fiestas duraban varios días. Como era de esperarse, Tiburón era el encargado de organizar estas bacanales, que no se hacían en alguna de las casas de seguridad de la organización, sino en su casa, donde se comía, se bebía, se esnifaba, se fumaba y se cogía a placer. A estas bacanales, que eran resguardadas por decenas de patrullas de la Policía Municipal, acudían delegados de la procuraduría y comandantes de la judicial. La música, por supuesto, era interpretada por famosos conjuntos, todos los cuales le debían al cártel sus carreras y cuyos corridos, según decían ellos mismos, estaban dedicados a Elefante y a Tiburón, aunque la letra no especificara sus nombres por un asunto de discreción; uno de estos grupos me dijo alguna vez que a mí también me habían compuesto un corrido. Seguro decían lo mismo a todos los mafiosos para los que tocaban.

En cada una de estas fiestas Tiburón cambiaba de puta, mientras que Elefante optaba, casi siempre, por permanecer sentado a la mesa con los funcionarios más importantes que hubieran asistido, mirando de reojo en todo momento lo que sucedía a su alrededor. Ahora que lo menciono, en realidad no eran tan distintas las orgías de las fiestas familiares. Tanto en unas como en otras, la mujer de Elefante parecía no existir ante los ojos del patrón. En las orgías esto ocurría por obvias razones, pero en las fiestas familiares Elefante ni siquiera le prestaba atención. De ahí que, de acuerdo con los rumores esparcidos por algunos gatilleros, ella hubiera decidido ponerle el cuerno con su brazo derecho: Tiburón. El rumor iba aún más lejos y aseveraba que cogían bajo el consentimiento del patrón cornudo. Según esto, mi compadre la trataba como a una puta más. La única que se encabronaba con toda esta situación era mi comadre, que me buscaba a mí para vengar en la cama su resentimiento. La verdad es que nunca cotorreé tanto con estas rucas, por eso no puedo hablar mucho de ellas. Qué loco, sin embargo, que la comadre fue la que me confesó la traición que desató todo el desmadre que ahora cuento. Como ya he dicho antes, todos compartíamos putas y esposas, o sea que el verdadero desmadre ocurría no en las fiestas, sino todos los días de nuestras vidas.

Sin embargo, lo que no he dicho es que esta época, la de los grandes pachangones y las pacas de dólares, fue la misma en que todo comenzó a valer verga. En un acelere de huevos, Tiburón se robó el cargamento colombiano del aeropuerto por el que luego me mandarían matar. Descuidó las relaciones con otras organizaciones y la disciplina de sus gatilleros, quienes terminaron clavándose en el vicio. El cártel y sus miembros comenzamos a pudrirnos.

Para explicar mejor lo que sobrevino, antes debo decir que hasta el momento señalado la estructura del cártel se dividía en cuatro grupos: productores de droga sintética, que eran más bien socios muy cercanos; importadores de cocaína; importadores de armas de los Estados Unidos, utilizadas para abastecer a nuestras células, pero también a pequeñas organizaciones; y traficantes en general, encargados del trasiego de la droga hacia los Estados Unidos. Después se agregó un quinto, dedicado al narcomenudeo, pero más adelante les cuento de éste. Los primeros cuatro grupos ejercían sus funciones en alianza con otros cárteles, gracias a los cuales se completaban los distintos procesos de nuestro trabajo. Los sicarios y gatilleros, sector que yo encabezaba, éramos el brazo ejecutor de Elefante y de otros jefes, como Tiburón, y estábamos afuera, quizás encima, de estos cuatro grupos.

El momento en que todo empezó a pudrirse fue también cuando nació el quinto grupo, que primero empujó el crecimiento de la organización de manera acelerada, pero después precipitó su caída. La aparición de narcomenudistas significó un aumento del número de clientes a los que surtíamos de droga. Éstos la vendían localmente, pues en la región donde ocurre mucho de lo que hasta este momento he contado empezó a haber más y más gente consumiendo.

Inmediatamente después de que todo esto sucediera, por la posición en la que yo estaba, advertí uno de los primeros síntomas del cagadero que se venía: al no contar con el dinero necesario para comprar sus dosis, la raza malilla vendía su cuerpo y el de sus familiares. En las rondas que hacía por la ciudad, junto con mis gatilleros, visitaba a diversos clientes, por lo que estuve tanto en tienditas de las zonas culeras como en los locales de las zonas más pudientes, donde observé a muchas rucas, acompañadas de sus morras adolescentes, ofreciéndose a los hombres más asquerosos. A cambio de dos o tres dosis de cristal, equivalentes a diez o quince dólares, estos cabrones se daban un festín con madres e hijas.

Los rondines que hacía también incluían discotecas, donde acostumbraba llegar a medianoche, pues a esa hora es cuando la gente se pone bien atascada. Una hora y media más tarde, toda la raza ya está bien borracha y empieza a buscar truco, que es como se le dice al gramo de perico que le permitirá seguir con la fiesta hasta que amanezca. Sobraban morros que decidían trabajar para nuestros narcomenudistas a cambio sólo de una o dos dosis. La cosa era así de sencilla: los morros estos eran vigilados por los narcomenudistas, éstos eran vigilados por mis gatilleros y mis gatilleros eran vigilados por mí, que de lejos era vigilado por Tiburón, quien me marcaba al radiolocalizador cada veinte o treinta minutos. Así permanecíamos en las discotecas hasta las cinco o seis de la mañana, durante los fines de semana. Por suerte, yo no tenía que moverme: permanecía en una esquina, en silencio y sin beber, mientras se desarrollaba el espectáculo nocturno.

Una de tantas veces se me acercó una morra de ojos claros, pelo oscuro, tetas grandes y ricas y unas piernotas bien sabrosas. Olía bien cabrón a vodka y faltaba poco para que amaneciera.

—¿Qué onda? Hazme un paro —me dijo.

—¿Qué necesitas? —le pregunté.

—Si me mocho contigo, ¿me das una grapita?

—¿De qué chingados hablas? Lárgate de aquí.

—Escúchame cabrón... —luego me empujó con ambas manos. La ruca estaba hasta el culo de peda—: podemos irnos a donde quieras… si tienes un perico, nos vamos.

La ruca estaba buena: sus labios eran gruesos y todavía estaban pintados de rojo. Apenas podía sostenerse de pie.

—Voy a hacer que te saquen —le advertí.

¿Quién le había dicho que se dirigiera conmigo? De la nada, la mujer intentó darme una cachetada. La detuve acercándola a mi cuerpo mientras balbuceaba un par de insultos. Le marqué por radiolocalizador a uno de mis gatilleros para indicarles que se fueran sin mí. La cogí más fuerte del brazo y la jalé hacia afuera del lugar. Ya en mi camioneta le arrojé un par de grapas que guardaba en mi chamarra, una de las cuales abrió poco antes de llegar a un hotel de paso. Una vez que el portón eléctrico de la cochera se cerró, ella esnifó, me miró, luego cerró los ojos y se atacó de la risa. Cuando subimos al cuarto me pidió que ordenara algo de beber y me sonrió, entonces le di una cachetada, saqué la fusca y jalé el martillo.

—¿Quién chingados crees que soy?

La mujer abrió los ojos y permaneció en silencio.

—El gerente del lugar —replicó—, le pregunté por ti. Me dijo quién eras. Me gustaste...

Antes de que siguiera balbuceando le di otra cachetada. Esta vez cayó al suelo. Me desabroché los pantalones. Comenzó a mamarme la verga.

Poco tiempo después la ruca comenzó a asistir a las orgías de Tiburón. Al principio llevó a un par de amigas y luego a mujeres que puteaba a cambio de droga. Quién sabe dónde las hallaba: una ruca llevaba a otra y esa otra llevaba a una más. No sólo llevó a sus amigas, sino a sus conocidas, a sus primas y hasta a su hermana. Yo nunca volví a coger con ella, a pesar de que era una mujer muy agradable. La ruca se enamoró de uno de los políticos jóvenes que acudían a las fiestas y éste decidió alejarla de su ambiente, como si se tratara de un objeto puro que en el fondo nunca perteneció a ese mundo. La verdad era que ella solita había tocado la puerta del cártel y que al convertirse en la amasia del político no tendría que trabajar más para saciar sus adicciones. Pero como alejarla del ambiente implicaba alejarla del vicio, la mujer se resistió. Su temperamento dejó de ser agradable, a la par que seguía consumiendo cocaína a escondidas y embriagándose en exceso. Tiempo después supe que discutía violentamente con el político, quien además de un futuro prometedor en la legislatura local tenía mujer e hijos. En una ocasión la zorra lo abofeteó estando embriagada, igual que había hecho conmigo el día que nos conocimos. Sin embargo, el político no fue tan comprensivo como yo y la ahorcó. Pero volvamos al asunto del narcomenudeo.

Como cualquier persona sabe, el cliente final del narcotráfico está en todos los rincones del planeta, buscando la dosis que alivie su pasado, su cansancio, su estrés, su falta de amor o cualquier otro agobio, por grande o por pequeño que sea. Además el vicioso puede ser de cualquier clase social porque las tiendas de narcomenudeo crecieron en todos los estados, en todas las ciudades, en todas las colonias y en todos los barrios del país, sin importar el valor de la renta, mientras se endurecían las medidas de seguridad en la frontera con los Estados Unidos. Por las tienditas del narcotráfico pasan a diario estudiantes, profesionistas, obreros, trabajadoras de la maquila y hasta boleros, que durante la noche eran sustituidos por morrillos fresas, prostitutas, travestis, meseros, taxistas y policías. Sí, policías entre los cuales, de hecho, había municipales que al no tener suficiente dinero para pagar sus dosis dejaban empeñadas sus armas o la identificación que los acreditaba como servidores públicos. Los narcomenudistas, que solían contarme todo tipo de historias, me dijeron cierta vez que un municipal, luego de haberse drogado, le vendió su culo al Cuchillo, que era el encargado de una de las tienditas. El Cuchillo, que era un cabrón enorme y prieto, penetró al municipal cuatro veces, usando sus ropas oficiales para limpiarse la verga. Al final, con una enorme sonrisa en la boca, le entregó una dosis de cristal equivalente a diez dólares.

Además de todos estos clientes, a las tienditas se acercaban muchas personas para solicitar empleo. El cártel tenía diversas reglas para emplear a una persona, pues nunca se sabía qué tipo era aquél que quería trabajar para la organización. Después de que el narcomenudista se aseguraba de que el interesado no trabajaba como informante, se le ofrecía su primer jale: vigilando las tienditas para proteger a los clientes de las patrullas. También cuidaban a la gente común y corriente de los adictos que pretendían asaltarlos para tener con qué comprar una dosis. A estos morros se les pagaba la ridícula cantidad de quinientos pesos por cada doce horas de trabajo, suma a la que el narcomenudista aumentaba otros cien pesos para que compraran algo de comida. Pero esto no era todo lo que percibía un cuidador: un viernes, por ejemplo, una tiendita normal recibía cerca de quinientos clientes, muchos de los cuales le dejaban muy buenas propinas, con lo que los seiscientos pesos se convertían en dos mil o dos mil quinientos pesos: diez veces más de lo que se gana en un día de trabajo en la maquiladora. Aun así, la mayor recompensa de estos cuidadores venía después, cuando, una vez ganada la confianza de la organización, eran asignados como vendedores. Muchos narcomenudistas lograban convertirse luego en sus propios patrones, al comprarle la droga directamente al cártel. Estos narcomenudistas ganaban entonces entre veinte mil y sesenta mil pesos semanales.

La mayoría de los morrillos que se acercaban a pedir trabajo como cuidadores y que luego terminaban siendo vendedores no tenían, como decimos en el norte, ni oficio ni beneficio, por lo que, a pesar de que se les advertía acerca de los riesgos que acarreaba el negocio, no tenían nada que perder. Cuántas veces no escuché esta frase: "Antes era un vago y ahora me dicen padrino, papá". La palabra "padrino", por ridículo que parezca, era empleada por los morros más morros del cártel, es decir, por los cuidadores o faroles, como también se les dice, quienes siempre tuvieron bien claro cuáles eran los riesgos que entrañaba pertenecer a la organización. Además del respeto y la fidelidad, los cuidadores siempre debían tener bien clarito que en nuestro cártel si hablabas, te morías, y si te callabas, vivías.

Tras la aparición del quinto grupo en el organigrama de nuestra organización, Elefante se sentó sobre una red de cientos de personas que colmaban de droga la entidad. Ya no importaba si Tiburón era de los miembros fundadores del cártel, ahora había varias personas que nomás con seis meses de trabajo le entregaban a la organización cientos de miles de dólares, provenientes todos del narcomenudeo. Ése fue el caso del Oso, un chamaco cagado que había ascendido rápidamente a narcomenudista y que luego se había convertido en gatillero. El Oso, cuyo apodo era el resultado de las enormes ojeras que se le habían formado mientras trabajaba vendiendo droga de madrugada, estaba encargado de tres redes de narcomenudeo y había acumulado el poder suficiente como para medirse hasta conmigo, para colmo, en igualdad de condiciones. De hecho, el Oso fue el primer cabrón en el cártel que me habló de tú.

Pinche chamaco cagado, igualado de mierda. En cierto momento hasta llegué a creer que me desbancaría.

El surgimiento del quinto grupo no sólo hizo crecer al interior de la organización a personajes que, como el Oso, comenzaron a dejar mucho dinero al cártel, sino que también hizo que aparecieran otros que hasta ese momento habían permanecido en las sombras. Varios miembros de la familia de Elefante, por ejemplo, comenzaron a ingresar en el negocio, asustados de que la llegada de nuevos elementos a la organización los desbancara de los afectos del patrón. Estos personajes, completamente inexpertos pues hasta antes del auge del narcomenudeo sólo se habían ocupado de guardar en sus casas el dinero y la droga que se utilizaba en las transacciones al mayoreo, comenzaron a tejer sus propias redes de compra y venta. Uno de estos familiares de Elefante ni siquiera había trabajado en labores del cártel, pues se limitaba a vendernos la hoja de papel paloma, blanco para la cocaína, con la que envolvíamos los paquetes. Era dueño de una enorme papelera donde lavaba dinero del cártel. Además, como también tenía una imprenta, imprimía la papelería concerniente a la empresa boxística. La familia de Elefante, pues, se acercó a éste como si se tratara de un ejército de chinches, y poco a poco se fue adueñando de sus negocios.

A partir de entonces se volvió raro hallar a Elefante a solas con su escolta, pues a todas partes lo acompañaba uno o varios de sus familiares, a quienes se les veía en las fiestas bebiendo junto al capo. Después de tantos años de ausencia, parecían, o querían parecer, una gran familia mexicana. Precisamente, fue en las fiestas cuando me percaté de que la familia de Elefante había empezado incluso a aconsejarlo sobre la mejor manera de conducir la organización, sobre las alianzas con otros cárteles y hasta sobre sus relaciones personales, en las que empezaron a meter cizaña: "Este cabrón y el otro están acumulando demasiado poder, hay que eliminarlos", decía el tío o el cuñado.

Al final, la familia de Elefante fue la que más disfrutó las ganancias del cártel, a pesar de nunca haber movido un dedo. Pero éstos no fueron los únicos que sin haber arriesgado la vida disfrutaron los privilegios que daba nuestra organización, lo hicieron también, por ejemplo, varias actrices, incontables cantantes, productores, restauranteros, deportistas, funcionarios gubernamentales y policías.

La Policía Federal Preventiva, por poner sólo un caso de lo anterior, que no se hacía pendeja en el aeropuerto de la ciudad de México sino todo lo contrario, obtenía muchísimo dinero a costa del narcotráfico, pues todos los cárteles mexicanos le pagaban por utilizar y ser prácticamente los dueños de varios hangares, donde cada semana llegaban inmensos cargamentos desde Colombia y Bolivia. A pesar de que mi trabajo era estrictamente el de sicario, hubo varias veces que me encargué personalmente de recoger estos cargamentos, por lo que sé a la perfección de lo que hablo: volaba con mi gente a la ciudad de México, comía en un restaurante argentino ubicado sobre avenida Insurgentes y me divertía con dos o más rucas —que decían que eran modelos extranjeras— en uno de los hoteles de lujo emplazados sobre avenida Reforma. Luego esperaba, y cuando se me avisaba, volvía al aeropuerto a recoger la droga. Esto fue exactamente lo que pasó el día en que recogimos el cargamento que terminó robándose Tiburón, pero a esto volveré más adelante.

Como decía, de pronto la familia de Elefante se involucró en los negocios más fuertes, entre los cuales estaba la explotación de los conjuntos de música norteña que patrocinaba el jefe, hecho a partir del cual el cártel se relacionó con muchos de los miembros importantes de la industria del espectáculo, lo que dio lugar a un doble negocio: mientras las empresas del cártel promovían a los conjuntos de música grupera, la red de narcomenudistas de la organización surtía de droga a los músicos de estos grupos, a sus representantes, a sus productores y a las estrellas de una de las dos empresas televisoras del país, muchas de las cuales compartían agente con los músicos. Las actrices que acudían a las fiestas de Tiburón eran muchas. De una u otra manera, todas se convirtieron en las putas del cártel. Si no digo sus nombres es porque muchas de ellas, al igual que los actores que consumían nuestra droga, aún protagonizan telenovelas, conducen programas de entretenimiento o, a los que no les fue tan bien, administran discotecas en Acapulco y Cancún, propiedad de narcotraficantes, y ostentan carros y títulos de empresario. Todos, sin excepción, son unos payasos: las zorras de las actrices y los jotos de los actores son las mascotas falderas de los cárteles mexicanos, no les importa ni siquiera a quién le sirven: si el capo para el que trabajan es aprehendido, cambian su servidumbre hacia aquél que queda arriba.

Pero volvamos un momento al aeropuerto, para terminar de contar lo que pasaba una vez que la droga se recibía en uno de los hangares oficiales o en el hangar de una de las aerolíneas comerciales de México. Cuando ya se tenía, el cargamento se trasladaba a una casa de seguridad en la capital, donde miembros del cártel lo recogían. Luego una de las policías lo escoltaba afuera de la mancha urbana, hasta uno de los estados aledaños a la capital, donde teníamos una pista clandestina para avionetas de tamaño mediano que nos servían para transportar la droga hacia el norte del país. Después el cargamento se cruzaba a los Estados Unidos de diversas maneras: se utilizaban túneles que se habían construido por debajo de la frontera, se cruzaba por vía terrestre, con ayuda de agentes de la patrulla fronteriza, o se utilizaban a las policías estadounidenses, que son tan corruptas como hipócritas, pero cuyas tarifas, eso sí, son muchísimo más altas que las de las mexicanas, aunque, también es cierto, son mejores para hacer negocio pues saben cuidarse las espaldas y, mucho más importante, no se marean con el dinero. En México, ya lo sabemos, todo mundo te traiciona por migajas.

Sobre el aeropuerto también quiero contarles una historia en particular: una vez recogí un cargamento de droga pero para vendérselo a otra organización. Por supuesto, la Policía Federal Preventiva estaba apalabrada y había retirado sus retenes, así que la misma mañana que llegué al aeropuerto recogí el cargamento sin mayores problemas y me dirigí hacia el lugar donde debía encontrarme con mi contacto, que era el hombre a quien Tiburón apodaba Caballo y a quien yo no conocía personalmente. Sabía que había sido un alto mando del Ejército, que había desertado, y que desde entonces se había dejado la barba y había engordado descomunalmente, pero no sabía nada más. Bueno, sí, sabía, porque me lo había dicho Tiburón, que lo que no había cambiado en él era el tamaño de sus dientes, que su organización apenas iniciaba, por lo que no era muy numerosa, y que se integraba de soldados que, como él, habían dejado el Ejército. Aquí me detengo para hacer una aclaración importante: así como pedí que no se confunda a Tiburón con el famoso gatillero de los noventa, pido que no se confunda al grupo de Caballo con otra organización nombrada con la última letra del abecedario. Esos cabrones surgieron mucho más adelante. Con esto queda claro que ex militares que se cruzan de narcos siempre ha habido. Sigo con mi historia: le llevé la droga a Caballo a su territorio, que era una ciudad a dos horas de la capital, en cuya zona más pudiente estaba la casa de seguridad donde tendrían que haberme estado esperando. Pero ni Caballo ni su gente estaban: no había quién me pagara. En su lugar me encontré con un anciano indígena y con otros dos indios con corte de pelo estilo militar, a los que decidí no presionar. Los soldados son hombres peligrosos que toman sus decisiones con las armas y no con el cerebro.

"Les dejo la mercancía, vuelvo mañana por la feria", les dije.

Al día siguiente, aún no se alzaba el sol cuando toqué el timbre de la casa y el enorme portón fue abierto por el anciano, que ahora balbuceaba y arrastraba los pies al caminar. Detrás de él apareció uno de los indios de corte de pelo estilo militar. En cuanto el viejo se hizo a un lado, advertí que la ropa del indio estaba empapada de sangre. Los dos gatilleros que integraban mi escolta cortaron cartucho y apuntaron sus armas.

"Tranquilos", advertí con la boca seca y sintiendo, como siempre en estos casos, que mi arma se volvía más pesada.

Entonces el anciano, que seguía bien pasadote, apuntó con la mano hacia la parte interior de la cochera.

"Espérenme afuera", ordené a mi escolta.

Adentro había una camioneta negra de vidrios polarizados con la cajuela abierta. Ésta también estaba llena de sangre. Un hombre obeso y de barba se acercó con una manguera y comenzó a rociar la cajuela con agua.

—Usted es Caballo —le dije—, ¿qué pasó aquí?

—¿A poco me vas a decir que tan poquita sangre te espanta?

Las manos me sudaban. Caballo se carcajeó y me preguntó:

—¿Y tu gente?

—El negocio es conmigo, no con mi gente.

—Pues tienes huevos para entrar aquí solo.

—¿Por qué habría de tener miedo?

Caballo se detuvo al escucharme. Apagó la manguera.

—Gente —gritó al resto—, ofrézcanle algo al señor.

—Estoy bien así, además no vengo a acabarme el cargamento: vengo a cobrarlo.

Caballo encendió un cigarro de mariguana con lo que supuse era cristal, pues olía a plástico quemado.

—Antes de darte tu dinero, deja te cuento por qué terminó mi camioneta así de cochina.

Caballo había ganado terreno en el suroeste del país. En lugar de llevarla hasta el norte, distribuía la droga a narcomenudistas locales. Ya sé que esa región le pertenece históricamente a otro cártel, pero es el único lugar hacia donde se puede crecer.

—Cierta vez iba con mi escolta por la carretera que da a Guanajuato, cerca del aeropuerto de León —comenzó a narrar—. Ahí me interceptaron, me rafaguearon con cuernos, mataron a mi gente y mi camioneta se salió de la carretera. Los culeros me dieron por muerto, pero lo que son las cosas: me salvó el no traer puesto el cinturón de seguridad; estoy muy gordo para usar esa madre. Al volcarse mi automóvil, mi gordura me protegió arrojándome hacia los lados. Ahora, ¿sabes por qué no me encontraste ayer? Pues porque traje al cabrón que dirigía a los culeros que casi me matan aquel día. Al cabrón lo estuve cazando durante mucho tiempo y ayer por fin di con él: mi gente me marcó al radio muy temprano para decirme que ya lo habían levantado. El güey estaba cenando en un restaurante de mariscos que está a cuatro horas de aquí. Tuve que ir por él ayer mismo, por eso no estaba cuando viniste, aunque regresamos más o menos a la hora que te fuiste, hasta con su chofer. Apenas llegamos lo encueramos y lo amarramos a esta silla —la señaló—. Entonces pedí que a su chofer le pusieran un trapo en la boca, que lo vendaran de los pies a la cabeza y que lo metieran a un costal. Luego mandé colgarlo del techo de la cochera, justo frente a donde su patrón estaba amarrado a la silla. Cogí un bate de beisbol y ¡vergas! —hizo un gesto con el cuerpo similar al de un bateador—. Le di al cabrón por todas partes. Dos de mis indios me ayudaron y la piñata nos duró unas dos horas. Cuando nos cansamos, el güey ya estaba bien blandito. Mandé descolgar el costal y lo echamos en la parte de atrás de la camioneta. Durante todo este tiempo su patrón estuvo mirando. Estaba cagado de miedo. Entonces le ordené a uno de mis gatilleros que trajera unas tijeras podadoras y un cable de acero. Mi gatillero le cortó los dedos de los pies y luego los de las manos. Con el cable le corté la cabeza, que guardé en una bolsa en el congelador. Lo demás lo fuimos a vaciar en un lote baldío.

Caballo me pagó íntegramente lo que habíamos acordado y me pidió una disculpa por el retraso. Poco tiempo después de que lo conociera, comenzó a acudir a las fiestas de Tiburón, en las que hablaban de unir fuerzas y desplazar al cártel que controlaba el territorio que Caballo había invadido. Tiburón estaba tan embelesado con los resultados del narcomenudeo que deseaba hacer suyas varias plazas de la costa del Pacífico. Yo los escuchaba atento, convencido de que no era una buena idea. En general, no era bueno seguirle el rollo a Caballo: se había pasado por los huevos las alianzas y no respetaba los territorios que otros se habían ganado con trabajo.

VI

Cuando las alianzas con otros cárteles se rompieron

Cuando la frontera con los Estados Unidos se endureció y muchos de los cargamentos que llegaban de Colombia empezaron a quedarse en México, nuestro cártel ya tenía los brazos extendidos sobre muchas ciudades del norte del país. El consumo terminó de dispararse. Por entonces había personal de la organización, incluidos varios sicarios, que recibían su sueldo en especie.

El cártel cambió su modo de jalar sutilmente: dividió las plazas en cuatro zonas y consideró como el punto cardinal de éstas los centros de las ciudades. Cada zona era controlada por lugartenientes, quienes a su vez dirigían células que se dedicaban a proteger y distribuir los cargamentos a los miles de narcomenudistas. Un fin de semana bastaba para vender un cargamento completo.

La red de narcomenudistas había crecido al mismo tiempo que el poder de la familia de Elefante. Los narcomenudistas jalaban de manera independiente, pagando únicamente un derecho de piso al jefe, y se sentían comprometidos con Tiburón, no tanto con Elefante. Este poder creciente envalentonó a mi compadre, que entonces quiso entrar en regiones donde nuestra organización no se había acercado. Caballo lo convenció de que sólo ganando terreno en estas plazas podría hacerle contrapeso a la familia del jefe.

Antes que nosotros, otros cárteles ya habían querido acaparar la venta a menor escala, por lo que las alianzas que Elefante tenía con otros cárteles se rompieron, dando lugar a terribles historias, de las cuales les cuento aquí una que me tocó vivir a mí directamente.

Un día recibí una alerta en el radio de uno de mis gatilleros, mientras conducía con una parte de mi escolta hacia la casa de seguridad donde entonces dormía. Después de la alerta oí un ruido, pero como no tenía puesto el altavoz, no alcancé a reconocerlo.

—Adelante —respondí.

—Traigo la Cherokee —escuché.

La Cherokee era la clave para advertir que mi gatillero no estaba solo, es decir, que estaba acompañado en la casa de seguridad. Era la clave, pues, para anunciar que había un peligro inminente y que debía mantenerme alejado. Utilizábamos la palabra Cherokee porque era una de estas camionetas la que yo manejaba la vez que estuve a punto de ser aniquilado por un agente a quien no teníamos en nuestra nómina: iba en la carretera cuando dos camionetas oficiales me cercaron y me rafaguearon después de que yo disparé. Por suerte, luego de que estrellé la Cherokee, los agentes que me habían cerrado el paso no se quedaron a constatar si estaba vivo o muerto, aunque más bien no fue por suerte, sino porque estaban a punto de llegar otros agentes federales que sí aparecían en mi nómina. Sobreviví gracias a estos últimos. Desde entonces Cherokee significó “en riesgo de morir”.

Tras recibir el mensaje que me había enviado mi gatillero, mandé una alerta a Tiburón. Le dije que había pedos. Inmediatamente miré por el retrovisor y vi que dos camionetas me seguían. Al llegar al siguiente semáforo, que estaba en rojo, me lo pasé y vi que una de las camionetas aceleró. Giré en sentido contrario al de la casa de seguridad intentando escapar pero la camioneta terminó por encajonarme, el otro vehículo también llegó de inmediato. Ya valió verga, me dije.

Se bajó un comando de doces hombres con capuchas y armados con cuernos. Rafaguearon un costado de la camioneta y luego, en chinga, nos bajaron a putazos. Nos taparon la cabeza, nos echaron a la cajuela y arrancaron. Un par de cuadras más adelante escuché por el radiolocalizador una conversación en una clave que no reconocí. Sólo entonces uno se dirigió a nosotros: “¿Quién es el Yanqui?” Ninguno de nosotros contestó e inmediatamente sentí un duro golpe en la cabeza.

Cuando nos bajaron de las camionetas estábamos en una bodega, donde nos descubrieron los rostros, nos desnudaron, nos amarraron a unas sillas, nos taparon la boca y nos dejaron solos. En ese momento volteamos a mirarnos: mi gatillero estaba llorando. Ya valió verga, volví a decirme.

Diez o quince minutos después entró el comando a quitarnos los trapos de la boca.

"¿Quién es el Yanqui?", preguntó el más alto y gordo, quien aparentemente era el jefe de la célula.

El que estaba a su izquierda sacó unas tijeras de podar y un cable de metal —sí, ¡unas tijeras y un cable de metal!—, mientras el de la derecha empezó a darle de putazos en la cara a mi escolta.

—Ahorita mismo se van a confesar, culeros: ¿quién de ustedes es el Yanqui?

—Ninguno —repliqué.

—No me pendejees, pinche joto de mierda.

—¿Tú eres el Yanqui? Pinche bato cagado...

El cabrón que traía las tijeras lo interrumpió:

—Dijeron que el Yanqui era gordo y de barba... y este güey está flaco y lampiño... yo creo que el otro es el Yanqui.

—¿El chamaco chillón? —respondió, antes de dirigirse a mi escolta—: a ver, pinche gordo mugroso, no que muy vergas. ¿Tú eres el Yanqui?

Mi escolta no contestó. Le volvieron a tapar la boca. Luego le limpiaron las lágrimas y comenzaron a cortarle los dedos. Cuando terminaron con sus manos, lo decapitaron. Luego el gordo alto se dirigió a mí:

—¿Viste cómo terminó tu patrón?

—Ése no era el Yanqui, era mi escolta —respondí.

—Pinche bato cagado, escolta mis huevos —me empezó a dar de putazos en la cabeza hasta que lo interrumpió una alerta de su radiolocalizador.

La conversación que vino entonces apenas duró medio minuto. Cuando cerró su radiolocalizador, el hombre se me acercó:

—De la que te salvaste.

Volvieron a ponerme la capucha, me montaron a la camioneta y arrancaron. Cuando me descubrieron la cabeza se habían detenido enfrente de una delegación de policía, en cuya entrada me tiraron. Los municipales de ahí me comunicaron con mi gente y me escoltaron de vuelta a mi casa de seguridad.

Al día siguiente desapareció Caballo, también conocido como Yanqui por sus enemigos. El mote se lo habían puesto los soldados que estaban bajo su mando, cuando todavía era militar, pues Yanqui es una manera de decir primer comandante. Los enemigos de Caballo me habían confundido y habían matado a mi escolta por un error, un error que sin embargo no había sido sólo una casualidad, pues la gente de los demás cárteles ya había empezado a relacionar a nuestra organización con la del ex militar. Aun cuando creí que debía vengar la muerte de mi escolta, sabía que romper las alianzas originales y unirse a la guerra de Tiburón y Caballo era un suicidio. Pero ni pedo, los patrones ya habían decidido y no había manera de echarse pa'trás. Elefante creía que podía darle en la madre al resto, confiado en la fuerza y el liderazgo de Tiburón. Además, nuestra organización tenía gente comprada en la Procuraduría General de la República; aún no se creaba la Agencia Federal de Investigación.

Por supuesto, tras su desaparición Caballo nunca volvió. La muerte de Yanqui, sin embargo, no fue el evento que terminó por precipitar la guerra: al día siguiente de que apareció el cuerpo del ex militar encobijado y con un balazo en la nuca, el hermano menor de Tiburón fue levantado. El carnal no pertenecía a la organización, ni se veía seguido con Tiburón, aunque administraba algunos de los negocios de celulares de mi compadre. Los nuevos enemigos de la organización, es decir, lo enemigos de Caballo, lo ejecutaron el mismo día que lo levantaron: su cadáver, que fue hallado atado de pies y manos y con el rostro completamente amoratado, había sido envuelto también en una cobija y abandonado en la cajuela de una camioneta.

Cuando Tiburón se enteró de la muerte de su hermano perdió la razón por completo: arrojó los muebles que había frente a él, desparramó la cocaína de la bolsa de la que consumía todas las noches y maldijo a las deidades que adoraba en sus rituales. Incluso amenazó al Santero con echarlo a la alberca donde nadaba su mascota. Mi compadre juró venganza y prometió hacer de la vida de sus enemigos un infierno.

Durante el funeral del hermano de Tiburón, el panteón, resguardado por un fuerte contingente de policías amigos de la organización, se atascó de raza. No pudieron asistir, sin embargo, ni Elefante ni mi compadre, cuyas mujeres guardaron un silencio sepulcral durante toda la ceremonia. Ese mismo día convocaron a una junta urgente. A la cita, que tuvo lugar en la casa de seguridad de Tiburón, acudimos todos los lugartenientes, así como la gente de Caballo. La única orden de la reunión fue clara. Había que eliminar a los autores materiales del doble crimen, es decir, a los sicarios de la organización rival, cuyas señas nos dieron los agentes federales que nos servían de inteligencia: estaban en un puerto en las costas del Pacífico, a tres horas en avión.

Yo dirigí el comando que cumplió la orden, aunque Tiburón nos acompañó. Volamos muy temprano. Al llegar, nuestros contactos en la policía local nos tenían listos automóviles y armas en el aeropuerto. Llevábamos mucho dinero en efectivo y pagamos bien el favor. Luego de entregarles el dinero, se fueron corriendo como ratas, mirando a todos lados, como para que nadie los descubriera. A las afueras del puerto, rentamos cuatro habitaciones en un hotel de paso donde no había que pasar por una recepción para entrar en las recámaras. Sabíamos que los viernes nuestros objetivos agarraban la peda y la loquera en una discoteca a la orilla del mar, propiedad del cártel enemigo. Era jueves por la tarde y dos de mis gatilleros inspeccionaron el antro y localizaron sus salidas de emergencia, mientras otros dos de mis hombres ubicaban al gerente del lugar, a los dos o tres capitanes de meseros, a los cadeneros y a los guardias de seguridad. Como era temporada baja de turismo, el lugar no estaría lleno. Tanto la noche del jueves como la mañana del viernes las pasamos encerrados en el hotel.

Llegamos al lugar a la medianoche, sin Tiburón. Cuatro de mis gatilleros se quedaron afuera, mientras otros tres y yo nos apersonamos en la entrada principal y le dimos un billete de cien dólares a uno de los cadeneros para que nos consiguiera una mesa. Dijimos que estábamos celebrando la despedida de mi soltería. No nos inspeccionaron. Apenas pude creer la poca seguridad del lugar: era un sitio de narcotraficantes frecuentado por no pocos sicarios y aun así no se percataron de que íbamos armados. Evidentemente, nadie nos esperaba. En el interior del lugar la raza estaba concentrada en la pista y en las mesas cercanas a ésta. Nos sentaron y a los pocos minutos nos trajeron una botella de whisky. Uno de mis gatilleros me cogió del brazo y apuntó con la mirada hacia una de las mesas que había enfrente de la pista, donde había seis tipos sentados, uno de los cuales era alto y gordo: lo reconocí de las fotos que nos dieron los agentes, pero también de la vez del levantón. Tenía un modo muy particular de moverse, lento y alzando los brazos a menudo. Con estos batos había cuatro rucas bailando entre sí.

"Démosle piso a estos putos", dije y nos paramos.

Entonces caminamos resueltos hasta su mesa. Al llegar, uno de mis gatilleros disparó en las cabezas de dos de los cabrones que estaban sentados, otro descargó su fusca sobre el pecho del resto. La música no se detuvo y las rucas corrieron hacia las salidas de emergencia. Al hombre gordo y alto fue al único que no le disparamos. Al cogerlo por el cuello y esposarlo no opuso resistencia, tampoco cuando le cubrimos la cabeza con una capucha. La gente que seguía adentro nos abrió paso al ver que nos dirigíamos hacia la salida de emergencia, donde mi gente ya tenía listos los carros.

"Fierro", ordené y nos fuimos a toda velocidad.

Mientras circulábamos por el puerto marqué al radio de Elefante y le dije que la misión se había cumplido con éxito. Al llegar al hotel toqué la puerta de la habitación de mi compadre, a quien le pedí que esperara unos minutos: "Aguanta, te lo están alistando", le dije. Tiburón había consumido cocaína de una manera descomunal: la mandíbula le temblaba, daba vueltas por toda la habitación, cerraba y abría los puños sin parar.

En la habitación contigua desnudamos al jefe de la célula y lo amarramos a una silla. El bato no decía nada, estaba como ido.

"Ahora sí, puto, viene lo bueno", le advertí.

Luego entró Tiburón con una navaja de costilla y con un gancho de aluminio que había cogido del armario de su habitación.

"Te voy a patrocinar la mejor parranda de tu vida", soltó antes de empezar la carnicería.

Ese mismo fin de semana, en diferentes municipios se rafaguearon cinco casas de seguridad del cártel contrario, se hizo blanco con granadas de fragmentación en siete de sus tiendas de narcomenudeo y se ejecutaron a veinticuatro de sus miembros, además de los seis que estaban en la discoteca.

"Acaben con todo lo que hallen a su paso", había ordenado Elefante durante la reunión en la casa de seguridad.

El jefe de la célula que matamos en el puerto confesó la dirección de los tres domicilios donde se escondían los familiares del capo que había ordenado la ejecución del carnal de Tiburón. Así que el día que volamos de regreso a la ciudad, esta vez un comando de ocho personas recogimos las nuevas fotografías que nos había conseguido la policía y nos preparamos para volver a matar.

Los primeros dos domicilios a los que fuimos estaban abandonados. Pero cuando llegamos al tercero, una camioneta que salía a toda velocidad de la cochera se estrelló contra nosotros. Segundos después del impacto nos descargaron una ráfaga de metralleta y al instante murieron mi chofer y dos de mis gatilleros, con cuyos cuerpos me cubrí de las balas y bajo los cuales permanecí unos instantes sin moverme. Cerré los ojos, escuché más ráfagas, empujé los cuerpos hasta alcanzar a abrir la puerta, apreté mi fusca al pecho y me arrastré hacia fuera, donde advertí que tres de los batos que nos habían disparado regresaban hacia la casa. Tras apuntarles les disparé y vi caer a uno. Alrededor mío, cuatro de mis gatilleros se desangraban sobre el suelo. Los únicos dos que habían sobrevivido me cogieron del brazo y me levantaron.

Corrimos hacia la entrada, la puerta estaba abierta. De repente apareció un tipo armado con un cuerno y mató a uno de mis hombres. Mi otro gatillero le dio un disparo en el pecho y enseguida subió a la segunda planta para ver si había más gente. En el patio advertí que un hombre obeso estaba colgado de la barda: no podía subirla y al verme de reojo empezó a gritar. Le jalé los pies y cayó de nalgas. Inmediatamente lo reconocí de las fotografías. Lo arrastré hacia afuera de la casa. "Es el único que queda", dijo mi gatillero. Lo encajuelamos en la camioneta que no estaba chocada y tomamos la carretera de regreso a nuestro territorio.

Cuando llegamos le marqué a Tiburón. Me dijo que estaba alimentando con trozos de carne cruda a su mascota. Le pregunté si quería que le lleváramos al güey que habíamos levantado para echarlo a la alberca. "Nel, ese hijo de puta no va a tener el privilegio de ser carnada", respondió Tiburón. Me dijo que mejor lo lleváramos a la casa de seguridad que estaba a las afueras de la ciudad. Cuando sacamos al hombre de la cajuela pidió agua. Le di una cachetada y le ordené que se callara. Mis gatilleros lo arrastraron hasta el patio y lo ataron a una columna de concreto. Se me ocurrió repetir los métodos que solía utilizar Caballo y ordené que envolvieran su cuerpo con su ropa, como si fueran vendas, pero era tan gordo que sólo su panza pudo ser cubierta. Le dije a dos de mis gatilleros que consiguieran objetos alargados que se asemejaran a bates de beisbol y me trajeron cuatro tubos de acero.

Había dormido poco la noche anterior. A pesar del cansancio cogí un tubo y lo impacté con todas mis fuerzas sobre el estómago del gordo. Una, dos, cuatro veces. El cerdo escupió sangre. Inmediatamente después llegó Tiburón, quien me arrebató el tubo y le dio otro golpe en el estómago. Cogí otro tubo y volví a golpearlo. Así seguimos hasta que los trapos se empaparon de sangre. Su carne, evidentemente, se había reventado. Para que no se desvaneciera, uno de mis gatilleros le echó un cubetazo de agua fría. Entonces comenzó a murmurar y Tiburón pidió que nos detuviéramos.

"¿Qué vergas estás diciendo?", mi compadre y yo nos acercamos hacia su boca.

El hijo de puta repetía un nombre y dos o tres direcciones, pensaba que queríamos información. No cabe duda que los cobardes, al verse rendidos, escupen hasta lo que uno no quiere saber.

Uno de los gatilleros de Caballo, sin embargo, tomó nota de las palabras del cerdo. Como ocurría muy a menudo, Tiburón se dirigió a quienes estábamos presentes con las siguientes palabras: "La muerte de este pinche puerco será ejemplar".

Nunca había visto así de encabronado a mi compadre, quien pidió que desataran al cabrón y que lo pusieran a gatas. En este punto el bato ya estaba muy jodido por los golpes, no podía sostenerse, tenía los ojos cerrados, escupía sangre y no decía nada. Tiburón decidió meterle un tubo por el culo. Al principio le tomó mucho esfuerzo para introducirlo; empujó y empujó, luego lo giró hasta que finalmente entró. El bato soltó un grito débil. Mi compadre metió y saco varias veces el tubo hasta prácticamente destrozarle el culo al puerco, que chorreaba sangre por todas partes. Su cuerpo fue colgado en uno de los puentes de la entrada de la ciudad en la que lo habíamos levantado. Sobre la carne reventada de su estómago pusimos una cartulina que decía: "Tu territorio será como el culo de tu hermano: del más verga". El cerdo, debo decir, era el hermano del líder de una célula del cártel enemigo.

La respuesta del cártel enemigo, que al principio pensamos sería terrible, no llegó. Las cosas permanecieron bajo control hasta que las elecciones presidenciales del año 2000, que favorecieron al Partido Acción

Nacional, marcaron un nuevo rumbo: el cártel enemigo compró a varios de los nuevos directivos de la Procuraduría General de la República. Por entonces se creó la Agencia Federal de Investigación, corporación policiaca que prácticamente quedó al servicio de nuestros rivales. Fue por esto que Elefante redujo el trasiego de cargamentos hacia la frontera, mientras que Tiburón, a quien no le importó que la suerte estuviera echada a favor de los enemigos y que la mayoría de los funcionarios de la nómina de nuestro cártel hubieran sido removidos de sus cargos, siguió operando con normalidad. Uno de los pocos funcionarios al servicio de mi compadre que permaneció en su puesto fue el directivo de la procuraduría sobre el que tanto he hablado y a quien nuestro cártel le había pagado medio millón de dólares.

Poco después del cambio de partido en el gobierno, la Agencia Federal de Investigación cateó dos casas de seguridad de Tiburón, en una de las cuales hallaron una plataforma eléctrica controlada por un interruptor. Al subirla, los agentes descubrieron un compartimento de treinta metros cuadrados por uno de profundidad, al interior del cual hallaron doscientos paquetes de cocaína base, de cinco kilos cada uno. Las cuatro gentes de mi compadre que cuidaban la droga fueron esposadas, mientras los agentes guardaban los paquetes en bolsos marcados con las iniciales de la agencia. Cuando terminaron de subir el cargamento, los agentes dispararon en la cabeza de la gente de mi compadre, quien juró que recuperaría la tonelada de cocaína que le habían robado sin importar cuánto le costara.

Mientras todo esto sucedía, la gente de Elefante seguía operando, aunque más discretamente, en el aeropuerto de la ciudad de México. Puesto que las autoridades y el cártel enemigo sabían que Tiburón era el único responsable de las ejecuciones y de la muerte del hermano del capo rival, al jefe le permitieron seguir trabajando. La guerra era contra Tiburón, que correría la misma suerte que Caballo, y quien, amparado por el respeto que se le tenía a Elefante, había hecho un cagadero. Mi compadre no contó con el hecho de que los colombianos prefirieron tratar con el cártel de nuestros enemigos, pues hasta para ellos era evidente que estaba cagándola. El cártel rival aumentó el precio de su cabeza. El licenciado Ballena ordenó varios cateos y decomisos en contra de la organización. Elefante estaba perdiendo el control del cártel y a Tiburón se lo estaba llevando la verga. Las autoridades pronto montaron el operativo donde fue arrestado el contacto colombiano que nos surtía la droga. Ése fue el día cuando Tiburón se quedó con la tonelada de cocaína, bajo el supuesto de que así recuperaba la droga que sus enemigos le habían robado antes. Ello provocó que un comando colombiano viajara a México a buscarlo.

Por entonces, además de los cateos contra nosotros y de las aprehensiones de cientos de nuestros encargados en el negocio del narcomenudeo, las autoridades implementaron varios operativos conjuntos en los que desataron un putero de balaceras. El equilibrio que durante tantos años había construido Elefante se había perdido.

No me queda clara la situación en la que estaba el resto de las organizaciones del país, pero sí puedo decir que muchas se dividieron y optaron por trabajar de manera independiente. En aquel entonces casi toda la gente que fue aprehendida habló y dio información que luego resultó en más decomisos y en más cateos a nuestras casas de seguridad, donde incluso fueron detenidos varios de los lugartenientes que trabajaban para Elefante, bajo los cargos de violación a la Ley Federal contra la Delincuencia Organizada, delitos contra la salud y portación de armas de uso exclusivo de la Fuerza Aérea. Todo ello desató la furia del jefe. Por supuesto, la familia de Elefante, enriquecida a costa de la sangre derramada, logró desafanar el desmadre vendiendo propiedades y mudándose a Estados Unidos, donde de hecho viven a la fecha.

Dos de mis escoltas fueron detenidos por judiciales. Los siguieron mientras circulaban por una avenida de la zona comercial de la ciudad, les cerraron el paso frente a un centro comercial y les apuntaron con metralletas. Mis escoltas no llevaban droga pero sí dos armas cortas. Uno de ellos sacó dos fajos de billetes de la guantera y se los ofreció para que los dejaran ir. Los agentes tomaron el dinero, pero de todos modos esposaron a mis gatilleros y los montaron en sus vehículos oficiales. Tras revisar la camioneta, sin hallar nada más, se los llevaron a una especie de casa de seguridad donde los aislaron en un cuarto pequeño y los sentaron esposados frente a un presunto comandante que ordenó a otros dos agentes que los golpearan. El comandante luego le quitó las esposas a uno de mis muchachos para que se comunicaran conmigo por celular.

"No es cosa mía —me dijo el comandante—, pero ya sabes que las cosas han cambiado. Si quieres que te regresemos a tus gatos vas a tener que pagar el doble por tu protección. La bronca no es nomás conmigo. Para empezar necesitas pagar medio melón si no quieres que hagamos que abran el hocico."

Yo podía pagar esa cantidad sin problemas, pero no se valía que esos putos mamaran así. Le aseguré al comandante que le daría el dinero. De inmediato le marqué a Alacrán, que en ese entonces seguía en mi nómina, y le pedí que pasara a mi casa por la feria. Alacrán logró un acuerdo con la gente de la procuraduría. Mis gatilleros regresaron a la casa de seguridad, y Elefante y Tiburón, a quienes mantuve informados todo el tiempo, decidieron que no podía pasar más tiempo sin hacer algo al respecto. La decisión del jefe fue aparentar la fortaleza que había perdido y, en lugar de obligar a Tiburón a bajarle de huevos, ordenó el asesinato del directivo de la procuraduría.

Esa misma noche fue cuando se me ordenó que acompañara a mi compadre a darle piso a ese cabrón, tras lo cual, como ya les he contado, me reuní con mis jefes en la casa de seguridad de Elefante.

VII

El día que decidí ponerle dedo a quienes me habían traicionado

Puesto que no pudo venderme al cártel, tal y como quería, Alacrán decidió entregarme a la PGR. El día que lo hizo, me llevó al aeropuerto escoltado por los agentes que horas antes me habían dado una putiza. Entré en un hangar oficial y me subieron a un avión de la procuraduría. Unas horas después, a través de la ventanilla de la aeronave vi que estábamos sobre la ciudad de México. Todavía no amanecía y el paisaje de luces era inmenso. Busqué el Ángel de la Independencia pero no lo hallé. Me ardían y sangraban los pómulos bajo el vendaje que los agentes habían improvisado.

Después de aterrizar me subieron a una camioneta. Estaba amaneciendo, no había tráfico y por fin vi el Ángel de la Independencia, cuya glorieta lucía semivacía. Seguimos hasta el monumento a la Revolución, que estaba cubierto en uno de sus costados por una enorme bandera mexicana. Algunos minutos más tarde cruzamos un portón gris y llegamos a un patio donde había varias columnas enormes de concreto. Cuando la camioneta se detuvo, sentí que me desvanecía, ya no me quedaban fuerzas. Me bajaron un par de agentes y entramos por unas puertas de cristal escoltadas por otros dos agentes armados con metralletas. Frente al elevador conté seis cámaras de seguridad. En el piso tres nos topamos con una aduana de agentes que pidieron autorización para dejarnos pasar. Ya adentro me condujeron a una oficina con ventanales que daban al monumento a la Revolución. Había un escritorio de madera gruesa cubierto por un vidrio, y unos sillones de piel. A un costado se hallaba una foto del presidente Vicente Fox sonriendo. La oficina estaba tibia.

"¿Qué tal el viaje? ¿Tienes algún apodo? ¿Cómo quieres que te llame?", me preguntó un funcionario de la procuraduría. No le contesté, no tenía fuerzas para hablar. "¿Tienes nombre? Tenemos que esperar a mi jefe, que nos atenderá en un par de minutos. ¿Quieres agua?"

Por supuesto, omitiré el nombre de quien estaba frente a mí, aunque revelaré que se trataba de un fiscal antidroga que aún trabaja en el aparato burocrático del gobierno mexicano. Arriba de él sólo estaba un subprocurador, cuyo nombre también omitiré. Al primero no lo volví a ver, al segundo sí. El subprocurador le marcó por teléfono al fiscal en el mismo instante en que yo me disponía a pedir un vaso con agua. Salimos apurados de la oficina. Los agentes que aguardaban afuera me cargaron hasta el elevador, que nos llevó al estacionamiento, donde me subieron a la misma camioneta en la que había llegado y en la que me acompañó la misma cantidad de agentes que en mi primer viaje. Tomamos avenida Reforma, y nos detuvimos en la esquina donde se encuentra la iglesia de un santo que es venerado por los policías: san Judas Tadeo, el santo de las peticiones imposibles. Frente al templo se encuentra el edificio de la Unidad Especializada en Delincuencia Organizada, ahora SIEDO, cuyos portones negros se abrieron desde antes de que llegáramos.

Tomamos un elevador que nos subió hasta el último piso del edificio. Durante el trayecto recuerdo que pensé: ahora sí, no hay vuelta atrás. Tenía que estar preparado para cualquier cosa pero mi cabeza no estaba funcionando a tope, me dolían los golpes, necesitaba dormir y no tenía fuerzas. El cansancio de toda mi vida parecía acumularse en un solo instante.

La oficina del subprocurador era aún más grande que la anterior en la que había estado. El escritorio era enorme, así como la silla de cuero negro sobre la que el funcionario se hundía abstraído en expedientes y oficios; tras él aparecía la misma foto del presidente sonriendo con un gesto que parecía más bien una mueca de asco. El subprocurador me observó y se quitó las gafas de aumento. No era muy viejo pero tenía canas y el rostro arrugado. Habló después de que guardó tres o cuatro segundos de silencio:

"No estás frente a un juez, tampoco estás detenido, al menos oficialmente. Se te podría detener, pero treinta o cuarenta años no son nada comparados con lo que debería preocuparte. Tu gente te quiere matar. ¿Sabes por qué te traje acá? Porque creo que puedo ayudarte con ese problema —lo que siguió fue una explicación acerca del Programa de Testigos Colaboradores, hasta que remató—: si tú me ayudas a mí, yo te ayudó a ti. Hoy los dos podríamos salir ganando."

El subprocurador me dio a escoger: treinta años en el Centro Federal de Readaptación Social Número Uno, el penal de máxima seguridad en el país, o ser testigo colaborador de la PGR, es decir, ponerle el dedo a quienes me habían traicionado.

No lo pensé mucho.

Ese mismo año comenzaron mis declaraciones. Las primeras fueron contra Alacrán —cuya peor pendejada fue visitarme en el hotel donde me tenían arraigado y amenazarme para que no lo acusara— y contra el resto de los funcionarios públicos que me protegían, muchos de los cuales ni siquiera fueron tocados, de hecho, actualmente algunos siguen escalando puestos en la burocracia mexicana.

Antes de continuar, me parece importante señalar que un testigo protegido de la procuraduría no está sometido a un proceso judicial, sino que forma parte de un programa en el que no se le recluye oficialmente pero se le obliga a cumplir con ciertas normas a cambio de su supuesta protección. Ésta se basa en el artículo 34 de la Ley Federal contra la Delincuencia Organizada, que protege al individuo integrante que aporta datos fidedignos para la ubicación, persecución y consignación de otros miembros de su organización. Según esta misma ley, nada de lo que diga o aporte el individuo será utilizado en su contra. En todos los casos, el testigo recibe un nombre clave, habita una casa custodiada por la Procuraduría General de la República y, dependiendo de su importancia, cuenta o no con escoltas. En nuestro país, todos los días las fiscalías compensan su falta de habilidades en investigación de delitos con el testimonio de estos delatores. Las declaraciones de cualquier delincuente convertido en dedo al servicio de la autoridad ministerial son la única base para la mayoría de las averiguaciones previas de la procuraduría, en especial aquellas relacionadas con el crimen organizado.

Si todo salía bien, me dijeron los funcionarios que me metieron al programa, encararía a los cabrones que me mandaron matar, obteniendo así mi venganza: darle en la madre a la gente que me utilizó, aparentemente sin poner mi vida en peligro. Eso sí, tendría que darle con todo al cártel: decir quién ordenaba los envíos de droga, quiénes eran los jefes de las células con las que trabajábamos, con qué otros cárteles manteníamos relaciones y qué autoridades nos ofrecían protección. Por su parte, la procuraduría me daría inmunidad absoluta, sin importar lo que declarase, me cambiaría de identidad y me mudaría a otro país. "Son acuerdos internacionales y nadie nunca te los va a quitar", se me dijo entonces. Por supuesto, llegado el momento, la procuraduría no cumplió con nada de esto. Para colmo, el hombre que me ofreció ingresar al programa ya no vive. Al parecer, murió en un accidente: el avión en el que viajaba, junto con el entonces titular de la Secretaría de Gobernación, se estrelló en la ciudad de México.

Yo nunca tuve otra opción que aceptar la oferta. En su momento hasta me pareció que me estaban dando una nueva vida. Así que al concluir aquella primera cita con el subprocurador, quien siempre me habló con naturalidad y me sostuvo la mirada, me levanté de la silla y venciendo el dolor que sentía en todo el cuerpo me estiré hasta estrecharle la mano. Las heridas de mi rostro se habían vuelto a abrir. Al sentir la sangre, mientras salía de la oficina me desvanecí. Mucho después desperté en la habitación de un hospital privado donde atienden a la mayoría de las personas que son detenidas o aseguradas por la procuraduría. De uno de mis brazos colgaba una aguja que me inyectaba suero, mi rostro estaba oculto por una mascarilla de oxígeno. Aunque aún me sentía muy débil, traté de incorporarme. Entonces dos agentes, con una amabilidad más bien fría, me lo impidieron en el acto: "Estás bien, no te levantes porque te lastimas", aseveró uno de ellos.

Me miré y me di cuenta de que estaba limpio y aseado, además de que tenía puesta una bata de hospital. El respeto aparente que me guardaban los agentes apostados en mi habitación me produjo ganas de llorar. Me sentía jodido. Algunos días antes otros policías me habían hecho mierda y ahora éstos se portaban a toda madre. Culeros de mierda.

"Me siento bien, estoy listo para hablar", les dije.

Aunque así lo quería, la verdad es que me tomó dos días más para recuperarme y otros tantos para que pudiera comer alimentos sólidos, además de que pasara el efecto de los anestésicos. Cuando finalmente estuve listo, me visitaron dos fiscales de la unidad especializada. Ante ellos escupí todo lo que pude, hablando sin parar. Creo que sólo me detuve para comer y aun así, en cuanto acabé, seguí arrojando fechas, nombres, cuentas de banco, direcciones, apodos y nombres de empresas. Estaba muy encabronado. Revelé cómo operaba la organización y quiénes dirigían sus células principales. Los fiscales estaban abrumados ante mi declaración, que pronto tuvieron impresa. Confundí mi encabronamiento y por un momento me sentí importante. Firmar las hojas con mi nombre me hizo sentir alguien a quien se le consideraba. Para la noche este sentimiento ya se había esfumado. Me dije: eres una mierda.

Salí del hospital una semana después y me llevaron a un hotel de lujo ubicado sobre avenida Reforma; el cuarto tenía un jacuzzi y podía pedir comida a la carta. A los pocos días me cambiaron de habitación y luego de hotel. Del de lujo me trasladaron a uno de mediana categoría y después a uno de paso. Todo el tiempo estaba acompañado por una escolta de seis agentes. Ellos eran los únicos con los que podía hablar, tenía prohibida la comunicación con otras personas. Me sentía como una de las putas de Tiburón: tenía lujos y se me satisfacían todas mis necesidades, pero no podía hacer lo que me viniera en gana. Estaba en una jaula de oro, como dice la canción.

Al mes me llevaron a una casa de arraigos de la procuraduría. Todavía no existía el Centro de Investigaciones Federales. La casa de arraigos era una residencia en una de las zonas pudientes de la ciudad de México. Ahí estuve durante dos meses, luego se me cambió de escolta. Una noche los agentes que ahora me acompañaban me dijeron en secreto que en cualquier momento me matarían, que mi vida no valía ni madres. Uno de ellos incluso confesó que le habían ofrecido mucho dinero por ejecutarme. Me quejé con los fiscales ante los que declaraba cada tanto y una madrugada me despertaron unos agentes nuevos. Me mudaron a otra casa y por la mañana me llevaron a la unidad especializada, donde revisé el acuerdo del Programa de Testigos Colaboradores. Uno de los fiscales me habló entonces sobre el artículo 34. "Ésa es tu libertad, lo que digas en tus declaraciones no será usado en tu contra —me dijo y agregó—: así que disfrute de sus privilegios y échele huevos." Fue hasta ese momento cuando firmé el documento que me acogía dentro del programa. Pero la vida me ha enseñado, como repetía Tiburón incluso en ocasiones que no venía al caso, que no todo lo que brilla es oro.

Luego de haber estado en hoteles, esa noche dormí en una celda para detenidos, pues el día que oficialmente me volví un testigo protegido el gobierno me trasladó a unas galeras.

"Vas mi chavo… pásale a tu suite presidencial", me dijo un policía que me condujo a la celda.

Bajo la plancha donde dormiría había un nido de cucarachas y el lugar olía a mierda. Las paredes eran de mica transparente. A la mañana siguiente, al cagar, uno de los agentes que me estaban viendo limpiarme la mierda del culo, me gritó: "Ay, chiquito, qué cachetón estás".

Un par de horas más tarde, el fiscal responsable

de mi custodia me entregó a un nuevo grupo de agentes federales, quienes se encargarían de mi seguridad a partir de ese día. Antes de despedirse me pidió una disculpa por haberme dejado en la galera. ¡El hijo de la gran puta tenía un compromiso familiar y no había firmado los acuses para que se me otorgara la escolta! "Se atravesó el fin de semana —me dijo—. Lo bueno es que ahora sí te van a llevar a tu casa de seguridad definitiva, el lugar donde estarás durante todo el tiempo que colabores con la procuraduría."

Contra todo pronóstico, después de esta nueva mudanza la alimentación se hizo más y más escasa, igual que la ropa: las únicas mudas que tenía eran el conjunto deportivo que llevaba puesto el día que me trasladaron a la capital y unos pantalones que me regaló uno de mis escoltas. No pasó mucho tiempo antes de que empezara a perder peso y a enfermarme de catarros y diarreas, por lo que tuve que visitar nuevamente el hospital al que me habían llevado antes del inicio de las declaraciones.

La suposición pendeja de que yo era alguien importante se esfumó de manera definitiva conforme avanzaron los días y mis declaraciones no cambiaban en nada mi situación. En la casa comencé a buscar utensilios que me sirvieran para suicidarme. Las fuscas de los agentes, pensé. Eran tan güeyes que sería fácil desarmarlos. Luego advertí las agujetas de mis zapatillas deportivas, las bolsas de plástico de la basura y hasta el cable de luz que pendía del techo. Por alguna razón, siempre he pensado que sin balas es mejor.

Como queda claro, el Programa de Testigos Colaboradores tiene muchos huecos. Alguna vez, cierto procurador publicó un texto señalando la ineficiencia del mismo: la total privación de la libertad, que comienza desde que se te condena a permanecer en cautiverio; la falta del derecho a hacer llamadas, no tienes comunicación con el exterior si no es con la intervención de un abogado, y, por seguridad del testigo y de los agentes, la falta absoluta de visitas, nadie puede entrar en la casa de arraigo que te han asignado. Aquel procurador tenía razón en una parte de sus argumentos: nada de eso se puede hacer, sin embargo, esto sólo es en teoría, porque en la práctica el gallo canta de otra forma.

Yo podía salir a la calle, visitar algún gimnasio o comer en algún restaurante, siempre y cuando tuviera dinero suficiente para pagarle a los agentes, es decir, para que los placas me pasearan como si fuera un puto perro. Tenía que pagar para que me tratasen como animal.

Mientras me tenían recluido, los agentes aprovechaban las enormes instalaciones de la casa para cogerse a putas en orgías que duraban todo el fin de semana. Bebían hasta embrutecerse e inhalaban tanta droga que me parecían la versión chabacana de las fiestas de Tiburón. Las putas, por supuesto, eran de menor calidad: las modelos extranjeras eran sustituidas por rucas que se anunciaban en los clasificados.

El escolta que más tiempo permaneció a mi lado, por su parte, traficaba a sus anchas en la casa de seguridad en la que yo estaba recluido y donde él guardaba la cocaína que le suministraban diversos traficantes centroamericanos, para luego entregarla a un cártel del Pacífico. Precisamente el cártel enemigo de aquel para el que yo serví. Cómo vergas no iba a temer por mi vida, si de pronto el problema ya no eran Tiburón y Elefante, ni siquiera los funcionarios a los que les había puesto dedo, sino los agentes que me cuidaban todo el puto día y que en sus loqueras aseguraban que mi vida les valía pito. En cualquier momento podía ser asesinado en las mismas narices de la procuraduría. Para qué tanta seguridad dentro del programa si a fin de cuentas éste resulta ser una basura.

Al final, todo el jale de procuración de justicia lo hacen los testigos, que somos quienes llevamos a los narcotraficantes al penal, mientras la procuraduría se limita a seguir nuestro dedo. Aun así, nos quedamos esperando a que se cumplan las promesas que el gobierno nos hizo y lo poco que conseguimos es de carácter personal: testificar es como confesarse, sirve de desahogo. La historia del cártel es la historia de mi vida. Señalar a Elefante y Tiburón me ayudó a compensar mi encabronamiento.

La segunda vez que hablé con el subprocurador me dijo que haría todo lo posible por ayudarme a que la situación cambiara. Teníamos que esperar a que se liberara el presupuesto de la recién creada Subprocuraduría de Investigación Especializada en Delincuencia Organizada (SIEDO). Después él mismo se encargaría de ordenar que se me atendiera como era debido. El funcionario me echó la mano y efectivamente mi situación cambió.

Más tarde, la fiscalía especializada desapareció porque casi toda su estructura estaba comprada por los cárteles mexicanos. El tiempo pasó y cayeron algunas cabecillas de diferentes organizaciones. Me pusieron a disposición de la SIEDO y se me brindó, por fin, un trato humano. Comenzaron a darme un apoyo económico, me asignaron médicos particulares y hasta la comida mejoró. Los agentes fueron sustituidos de nuevo.

Entonces comencé a temerme a mí mismo. Pensaba en todo lo que había hecho y en que no merecía recibir un trato humano. Merecía morir por lo que había confesado, en especial por toda la mierda que había hecho a lo largo de mi vida. No sabía si en verdad iba a encontrar una salida: sin balas es mejor, me repetía todo el tiempo. Sin balas es mejor.

"Eres uno de mis mejores testigos —solía decirme el subprocurador—, sigue así y verás que pronto acaba todo esto. Te aseguro que si yo sigo aquí para entonces, te daré todos tus beneficios. Pero si ya no estoy, todo dependerá de quien se encuentre a la cabeza del programa. De cualquier manera, te aseguro que te va a ir muy bien."

En una de nuestras reuniones, antes de terminar nuestra conversación, el subprocurador me tomó del brazo y se me acercó. Se quitó las gafas y se acarició la nariz:

"Sé que llevas ya un buen rato aquí, que te has portado bien. También comprendo que tienes tus necesidades como hombre. ¿Por qué no mandas traer a una mujer para que te haga compañía? Ya estás recibiendo tu dinero y puedes gastarlo en lo que se te dé la gana. Guarda lo más que puedas, pero diviértete un rato. Pásatela bien, pero sin chingaderas, que te mando al bote."

Jalando para el cártel aprendí de todo, aun a escoger un arma para cada asesinato: si el objetivo era algún bato pesado, había que llevar rifles de alta potencia, no porque haya que dejar un hoyo más grande en el cuerpo, sino porque el proyectil también es una señal que se le envía al resto de su grupo. Lo que nadie me enseñó fue a escoger una mujer. No sabía quién podría irse a vivir conmigo, así que pensé en una de las modelos que habían trabajado de putas para Tiburón. Los pensamientos sobre una en particular, una uruguaya, me envolvieron pronto el cerebro como si se tratara de medusas. Tenía que dar con su contacto.

Por suerte, ya habían comenzado los cateos a algunas de las casas de seguridad. En uno se recuperaron dos computadoras y varias agendas telefónicas. Me permití buscar el contacto de las modelos en ella, y por fin di con la puta de mis sueños. A la semana siguiente marqué. Ya habían pasado algunos años, pensé que la puta podría estar muerta, haber viajado de vuelta con su familia, o haberse casado con uno de sus ricos y poderosos clientes y estar custodiada por un séquito de gatilleros. Sin embargo, el número que marqué resultó ser el correcto.

Días después los agentes que me custodiaban recibieron a mi Medusa y en el momento mismo en que la vi se fue de mí cualquier atisbo de suicidio. Le pagué algo del dinero que me daba la procuraduría a cambio de ser testigo. Despertar y mirar sus deliciosas nalgas transparentarse por las sábanas, montármele día tras día hasta terminar sin fuerza, sentir sus labios recorrer de subida y de bajada mi verga levantada era una idea que cambiaba mi perspectiva por completo. Tenía ganas de Medusa y esas ganas eran los tentáculos que ordeñaban mi imaginación. Hacía tiempo que no había penetrado a una mujer; ni siquiera las putas que llevaban los agentes de la otra casa de seguridad se me habían antojado.

Pues bien, una vez que la puta uruguaya entró en la casa comenzó la diversión. La soledad y el frío de la noche fueron sustituidos por Medusa, mi puta preferida, la luz que iluminó mi vida miserable, la meretriz que podría, como llegué a pensar, convertirse en mi mujer. Lo primero que hicimos fue coger pero me vine demasiado rápido, aun así, no importaba: teníamos el tiempo que quisiéramos pues estaba dispuesto a gastarme todo mi dinero en ella. Se la metí de nuevo.

"Dale más fuerte, papito."

La obedecí hasta que ella se vino un par de veces. Al siguiente día lo mismo. Todo el día coger y comer y beber. Y el día de después también. Casi no hablábamos. No había de qué. Así pasaron más días. De algún modo, ella se convirtió en mi apoyo. Era mi razón para vivir.

Medusa no era una mujer normal. Le gustaba estar en la casa de arraigo porque se sabía mirada y rodeada de hombres armados. Mi verga en su vagina era una pistola cargada, y eso a ella le encantaba. Además, Medusa también terminó convirtiéndose en testigo de la procuraduría. La ruca tenía información de los cabrones que se cogía. Era prostituta de narcos, y todo lo que vio y oyó no lo calló.

Medusa se mudó a la casa de seguridad donde yo estaba. Seguramente su cabeza tenía precio. A pesar de que no había, como ya dije, mucho de qué platicar, nos unía estar en la misma situación y tener una rutina similar. Durante las mañanas en que no teníamos que declarar, nos levantábamos en pijama como si fuéramos niños, y cogíamos: era lo primero que hacíamos. Éstas eran las cogidas más desquiciadas pues hacíamos de todo. Después bajábamos a la cocina y nos preparábamos el desayuno: *hot cakes*, huevos revueltos con chorizo, jugo de naranja, en ocasiones café y a veces fruta. Al medio día nos bañábamos y enjabonábamos juntos. Luego volvíamos a coger, riéndonos de lo que hacíamos enjabonados y cubiertos con espuma por todo el cuerpo. Tras salir de la regadera descansábamos un rato y ella se vestía.

"Cómo se me ve la tanga, papito, ¿te gusta?"

Yo le decía que me volvía loco y ella se reía. Al terminar de ponerse la ropa interior le preguntaba si quería salir a dar un paseo.

"¿A explorar el mundo exterior?", decía abriendo los ojos descomunalmente, fingiendo asombro.

Me ponía la verga bien dura verla vestirse y me parecía que no era una puta sino una niña perfecta. Pero su felicidad artificial —la tanga, la pregunta, la risa y los ojos como platos— me hizo dudar. ¿Qué chingados hace ella aquí? ¿Es verdad que está colaborando para la procuraduría? ¿Estará aquí para chingarme de algún modo? Era demasiado perfecta para mí, por eso me hice una y otra vez la pregunta de fondo tras mis cuestionamientos. ¿Estaba enamorada? Me costaba tiempo tranquilizarme, pero hacía un esfuerzo. Di por sentado que de todos modos mi vida terminaría mal y seguí observándola. Decidí disfrutar.

"¿Vamos a salir, papito?", preguntó una tarde que decidimos pagar una feria a los agentes para que nos llevaran a pasear.

Me quité las placas del chaleco antibalas que me ponía cuando salíamos y me dejé el chaleco de asbesto y la malla por debajo de la sudadera. Le di algo de dinero al jefe de la escolta y éste me sonrió. Puta madre, ahora hasta la raza ésta era toda sonrisas.

Nos llevaron a un centro comercial en la colonia Del Valle de la ciudad de México, donde pasamos dos horas recorriendo las tiendas. No teníamos dinero para despilfarrar, pero le compré unos aretes en uno de los puestos instalados en los pasillos. Dos agentes nos seguían y procuraban pasar desapercibidos. Teníamos hambre, pero preferimos entrar al cine y comer un bote de palomitas. Vimos una película en 3D, proyectada sobre una megapantalla.

Expreso polar cuenta las aventuras de un niño en la víspera de Nochebuena. El niño, cuya vida ha sido muy difícil, ha perdido la esperanza de creer en Santa Claus y en el espíritu de la Navidad, así que no desea nada de regalo. Al prepararse para dormir, se escucha un estruendoso ruido frente a su habitación y el suelo tiembla. La desgracia que faltaba, que hubiera un terremoto. Pero lo que sucede es que un tren mágico, que se desliza sobre la nieve, se ha detenido justo frente a la casa del niño, quien sale corriendo a ver qué carajos ha pasado y se encuentra con la enorme máquina. Un viejo que parece ser un hombre justo lo invita a subirse y el niño acepta.

El tren conduce a un selecto grupo de niños a un viaje de ida y vuelta al Polo Norte, el enorme complejo donde se fabrican juguetes y golosinas. No todos los miembros del grupo logran sobrevivir a la expedición, pues ocurren una serie de acontecimientos que no vale la pena relatar aquí. A nuestro protagonista, por supuesto, no le pasa nada. Lo que sí le sucede es que recibe un obsequio: un cascabel muy hermoso, brillante y estridente, que es lo mejor que le ha pasado al niño en toda su vida, por lo que se le ilumina la cara. Sin embargo, pierde el cascabel. No recuerdo con exactitud lo que sigue. Creo que regresan al selecto grupo de niños, los que sobrevivieron, a sus casas. A pesar de la experiencia y de que el protagonista da por sentado que jamás escuchará el tintineo de un cascabel de nuevo, encuentra uno en casa.

En la oscuridad del cine olvidé quién era. Tomé a Medusa de la mano y me sentí pleno. Pero luego bastó advertir al resto de la gente para volver a la realidad. Un hombre en la fila de enfrente me pareció conocido aunque la sala estaba demasiado oscura para reconocerlo. Estaba seguro de haberlo visto en otro lado. Luego me pasó lo mismo con otro que estaba a la derecha. Intenté ubicarlos. ¿Dónde los había visto? ¡Claro! Eran los agentes que nos vigilaban. No me volví a sentir tranquilo hasta que llegamos a casa, donde Medusa me pidió que le quitara la ropa interior con los dientes.

Un día les pedí a los agentes que me llevaran a una iglesia. Nunca antes, ni siquiera de niño, había ido a un templo católico. Estaba nervioso. ¿Por qué podía entrar en la supuesta casa de Dios sin sentir remordimiento? Me sentía bien con Medusa y no importaba mi pasado, que se había ido con la espuma de la primera vez que nos bañamos juntos. Al entrar en la iglesia me le quedé mirando al Cristo que estaba colgado de la cruz. Sentí que ese hombre sufría como yo, en otro momento, había sufrido. Luego me salí. Al regresar a la casa de seguridad, Medusa me confesó que había estado vomitando. No había reglado y le dolían las tetas. Los agentes la llevaron a hacerse unos exámenes médicos y ese mismo día le dieron la sorpresa. Estaba embarazada.

Estar a punto de tener un bebé me hizo pensar que sí había un Dios y me acercó a la Iglesia, a la que empecé a ir de manera asidua, tanto que prácticamente en eso se me fueron los nueve meses del embarazo. Cuando nació mi hijo se me secó la boca y no me atreví ni a cargarlo. ¿Con qué huevos iba a cargar a un bebé si con las mismas manos había ahorcado, disparado y decapitado a familias enteras?

Creí que podía ser una persona normal. Pero estaba equivocado. Así como llegó, Medusa se fue. La procuraduría me retiró el apoyo económico tras el cambio de gobierno en 2006. Ni Medusa ni yo le servíamos ya a la procuraduría: las sentencias contra los miembros del cártel contra quienes habíamos declarado estaban por dictarse. Muy pronto me quedé sin medios para mantener al bebé, y Medusa, a los dos meses, renunció al programa y decidió largarse. No se despidió. Se llevó al bebé.

Volví a ser el mismo miserable de siempre. Por eso digo que no tengo familia, porque es como si no la tuviera. No he vuelto a ver a esa mujer ni a esa criatura, y aunque todos los días pienso en ellos, no tengo la más remota idea de dónde están. Todo fue como una película. Sin balas es mejor, me dije. Sin balas es mejor.

VIII

Mi consejo a los sicarios que estén leyendo estas páginas

Habían pasado seis años desde que me traicionara el cártel. México había cambiado de presidente. Se había dictado sentencia contra Elefante y Tiburón, con lo cual aparentemente la organización estaba desmantelada. El subprocurador que me invitó a ser testigo colaborador había sido removido de su cargo y poco después lo nombraron titular de una secretaría técnica que implementaría nuevas reformas en materia de justicia penal. Finalmente, como dije en el capítulo anterior, en la casa donde yo estaba todo era diferente: se me retiraron los beneficios, Medusa se largó con mi bebé y mi escolta fue sustituida y reducida.

Los días inmediatos a estos cambios sentí un vacío en el estómago que crecía hasta volverse una bola en mi garganta. Me dolía el pecho. Cierta madrugada no pude contenerme: "Hijos de su puta madre, devuélvanme a mi familia", grité a los agentes.

La nueva escolta no sabía, o fingía no saber, de lo que hablaba. Luego les pedía perdón, llorando. Otra vez, estaba hecho una mierda. Para colmo, la procuraduría regresó a sus técnicas opresivas: me dejaron sin comer durante días. Me habría muerto de hambre si no hubiera sido porque los agentes se compadecieron. Como los fiscales eran nuevos y sin experiencia, me daban de comer cada vez que se les hinchaban los huevos.

Por aquellos días, una madrugada me despertó un ruido metálico en la cocina. La chapa de la puerta trasera de la casa se había roto. Bajé corriendo al tiempo que uno de los agentes despertaba, cortaba cartucho y espabilaba al otro agente. Los policías de la camioneta que se estacionaba frente a la casa habían desaparecido y los que quedaban apuntaron sus armas a las ventanas, sin saber qué estaban enfocando. De pronto varias ráfagas de cuerno de chivo rompieron las ventanas. Uno de los agentes me abrazó y me tumbó al suelo mientras el otro se cubrió a un costado de la ventana, disparando a lo pendejo pues no se veía nada. Tras las ráfagas no se escuchó nada más y el agente que estaba a un lado de la ventana dejó de disparar y pidió refuerzos por su radio. Estábamos cagados de miedo.

Después de varios minutos en silencio llegó un contingente de policías y regresaron los agentes que debían estar en la camioneta: habían sido llamados a reportarse en la subprocuraduría justo antes del ataque. Todos se quedaron escuchando nuestra explicación y poco después de una hora la mayoría se retiró.

"Duerme, descansa... El susto ya pasó", me dijo uno de los agentes que se quedó.

¿El susto? ¡Hijo de puta! Esperé nervioso a que amaneciera y al día siguiente todo seguía como si nada hubiera sucedido: ni me cambiaron de casa ni me asignaron una escolta nueva.

Esa tarde le escribí a la titular de la Subprocuraduría de Investigación Especializada y al procurador; les pedí a los agentes que enviaran las cartas a sus respectivas oficinas. Fue lo peor que pude haber hecho: se me llamó a la oficina de los fiscales en avenida Reforma.

—Si sigues haciendo ruido te chingamos. Tenemos todo para consignarte, así que aguas.

—Temo por mi vida —le dije al fiscal—, y no voy a parar hasta hablar con el procurador.

El fiscal se me quedó mirando en silencio.

—Llévenselo —ordenó.

Al día siguiente me presentaron mi renuncia: ya no me querían en el Programa de Testigos Colaboradores. Si no aceptaba, me trasladarían al Centro Federal de Readaptación Social Número Uno. Los fiscales de la Coordinación de Delitos contra la Salud de la subprocuraduría me mandaron, sencillamente, a chingar a mi madre. Una semana más tarde ya estaba en la calle, sin un puto centavo en el bolsillo y sin la menor idea de lo que iba a hacer con mi vida.

Lo único que sé hacer es matar y ahora estoy en la calle, a pesar de nunca haber recibido un tratamiento de rehabilitación. El Estado mexicano no me brindó atención psicológica ni me ofreció entrenamiento de algún tipo para trabajar como una persona normal. Y eso que no recuerdo la cantidad de audiencias a las que acudí, las veces que encaré a los miembros del cártel para el que trabajé y ante quienes, si negaban lo que decía, debía sostener mis palabras y revelar más nombres y más direcciones. Declaré ante varios ministerios públicos mis actividades como sicario, conté la historia sobre la escalada de violencia al interior de una de las organizaciones más sanguinarias del país, y aunque de tantas veces que lo hice quedé dañado de la cabeza, literalmente, el gobierno me abandonó.

Hoy el pelo se me ha caído y todas las noches padezco migrañas, pues el centro de mi cabeza está echado a perder: despierto de madrugada, de súbito y gritando. Además, vivo pobre y de pueblo en pueblo. Yo, que llegué a tener hasta cuatro carros deportivos, ahora apenas tengo para medio kilo de tortilla.

Toda la vida he sido traicionado. Mi padre, mi madre, mi compadre, mi jefe, las autoridades, los agentes, mis rucas y el Estado mexicano me traicionaron. El gobierno me ha impedido rehacer mi vida al no haber cumplido con su parte del acuerdo: no sólo no me otorgó una nueva identidad y no me sacó del país sino que tampoco me dio las herramientas necesarias para sobrevivir. En cualquier momento un gatillero me pondrá una bala en la cabeza y sumergirá mi cuerpo en ácido muriático. Por eso les daré un consejo a los sicarios que estén leyendo estas páginas: no ingresen al Programa de Testigos Colaboradores. No les cumplirán ni madres aunque hayan dicho todo lo que saben, aunque hayan puesto el dedo sobre sus jefes y colaboradores, aunque, como yo, hayan tenido que enfrentar en una cárcel de máxima seguridad, durante sus juicios, a quienes los deseaban muertos.

En el Centro Federal de Readaptación Social Número Uno, también conocido como Penal del Altiplano, y antiguamente como Almoloya de Juárez, están presos Elefante y Tiburón. Para testificar en su contra tuve que ir ahí muchas veces, llevado siempre por el Ejército. De la ciudad de México al penal de máxima seguridad se hacen dos horas. De tanto ir, mientras era testigo, las nalgas me quedaron adoloridas y achatadas.

Me vestían con un disfraz singular: fingía ser un soldado de tropa y me metían hasta el fondo de un camión repleto de militares. Los señuelos viajaban en otra camioneta, siempre frente a la mía. Los soldados de tropa eran mezclados con miembros del Grupo Aeromóvil de Fuerzas Especiales, ahora llamados Fuerzas Especiales de la Policía Militar. Uno puede diferenciarlos de los soldados de tropa porque usan boinas negras, así como chalecos antibalas similares al que yo usaba en ese tiempo: de malla, con placas pesadas en el pecho y la espalda. Todos, una vez metidos a la parte trasera de la camioneta, hacíamos un bulto grande. Nunca ninguno de esos güeyes me dirigió la palabra.

Adentro coincidí con otros testigos colaboradores. Uno de ellos respondía al nombre clave de Leo. Al cotorrear con él me di cuenta de que no importaba que fueras del cártel de Tijuana o del de Sinaloa, del de Juárez o del Golfo. Valía verga que fueras *zeta* o miembro de *La Familia Michoacana*: todos los testigos terminaban siendo tratados de la verga.

Leo era reservado y se apartaba de todos. No lo culpo, como ya he dicho, ser testigo es un infierno y además estábamos declarando para joder y para ser jodidos, no para hacer amigos. Leo era un hombre delgado que de tan pálido parecía muerto, un hielo ambulante. Su cabello en ocasiones era rizado pero otras veces era nulo: se rapaba a coco y su cabeza brillaba al fondo del pasillo de la sala de audiencias. La primera vez que cruzamos miradas noté que sus ojos no tenían brillo, parecían fijarse en algo que nadie más percibía. Él estaba ahí pero su cabeza estaba en otro lado. Se sentó frente a mí y me miró a los ojos. En unos minutos tendría que encarar a su antiguo patrón, un cabrón inteligente y despiadado, un cabrón que mandó matar a su familia por el mero hecho de que se le hincharon los huevos, un cabrón que antes de que se lo llevaran extraditado a los Estados Unidos, aun siendo la clase de cabrón que era, se comunicó con un importante noticiario, en vivo, desde el interior del penal, para exigir al gobierno que le respetaran sus derechos humanos.

"¿Qué onda? Échele ganas, güey", le dije a Leo. Él se paró de la silla y me miró fijamente. Luego caminó hacia atrás, se tomó de los cabellos y lanzó un gemido. Volteó hacia las paredes y empezó a caminar en círculos; cada vuelta aumentaba la velocidad. El licenciado que apoyaba el proceso de testificación entró en chinga, lo tomó de los hombros y le pidió que se tranquilizara. Entonces el abogado me llamó y nos presentó.

Al cargo que Leo tenía al interior de su cártel se le conoce como nana, que es el que se ocupa de alimentar y vestir al jefe, así como de que su intimidad esté en orden: su salud, su perico, su pomo, su fusca, sus rucas, sus ranflas y sus cantones. Por supuesto, Leo no había disparado una bala en toda su vida. Puesto que el capo no podía dormir, Leo tenía que estar al cien. El día que le pidió a su jefe permiso para ir con su familia, el capo mandó decapitar a su esposa y a sus hijos, cuyas cabezas recibió Leo y cuyos cuerpos nunca aparecieron.

Coincidí con Leo varias veces y siempre, luego de platicar sobre pendejada y media, sus ojos parecían recordar de súbito la razón por la que estaba ahí. Entonces se soltaba llorando. Nunca volví a ver a Leo. Ni siquiera sé si estará vivo o muerto. No creo que la procuraduría haya cumplido el acuerdo que tenía con el güey, cualquiera que haya sido. Como ya dije, ésta no cumple ni una puta cosa de lo que promete. Quizás a Leo lo mató uno de los gatilleros del cártel al que pertenecía o uno al servicio de alguno de los funcionarios a los que les puso el dedo en sus declaraciones. Si el bato llega a leer esto, le mando saludos.

Tanto el caso de Leo como el mío son prueba de que nunca importa cuánto hagas por tu organización, para el jefe siempre serás remplazable. Aunque seas completamente leal y arriesgues tu libertad por el cártel, otros gatos, más jóvenes que tú, ocuparán tu lugar tarde que temprano. A quien le seas fiel terminará sacrificándote y morirás dentro de una prisión o, si bien te va, rápido, de un balazo en la nuca. Ésa es la cruda realidad de la vida de un sicario. No he conocido a otro que, como yo, haya durado más de siete años trabajando. Al final todos mueren, algunos el primer día de trabajo, en su primer intercambio de balas, otros mucho tiempo después, en una buhardilla donde no pueden esconderse ni de sí mismos.

Aunque sea difícil de creer, tengo un chingo de respeto por la vida de los demás e intento, con todas mis ganas, tener respeto por la mía. Yo no mataría a alguien nomás por matarlo, por eso nunca le di en la madre a nadie por mis huevos. Todas las veces que maté fue porque tenía una orden que cumplir y toda la gente que yo maté se pasó de verga. Nunca llegué a sentir placer asesinando. Era sólo un trabajo. Una vez alguien me dijo que el asesino por placer es aquel que mata por pendejadas, porque te le quedaste mirando feo. Yo mataba porque si no lo hacía me rompían la madre.

Nunca me gustó decapitar ni cortar en pedazos a la gente, prefería darles un balazo en la nuca: que todo pareciera un asalto. El remordimiento lo evité impidiendo que mis víctimas hablaran. Si los dejas hablar, vales verga. No hay que dejarlos hablar para no escuchar sus voces en la noche, para poder olvidarlos.

IX

Mi muerte será dolorosa y mi final no será feliz

Al día siguiente de firmar mi renuncia al Programa de Testigos Colaboradores, una camioneta de la Policía Federal Ministerial pasó a recogerme. Como no tenía muchas cosas en la casa de seguridad, guardé todo en un bolso deportivo. Para entonces había ahorrado dieciocho mil pesos del dinero que la procuraduría me había dado antes de retirarme el apoyo. Cuando me bajé de la camioneta apreté el dinero en mi pantalón y abrazando mi maleta entré en una de las centrales de autobuses de la ciudad de México.

Adentro de la terminal sentí que los batos de seguridad me miraban. Las filas eran muy largas y yo tenía la boca seca. Las manos me sudaban, sentía que los pies me pesaban y me arrastré hasta la cartelera de la compañía de autobuses más grande. No sabía qué hacer ni a dónde ir. No había comido pero aun así sentí el estómago revuelto. Me pasé toda la tarde viendo horarios, destinos, tarifas.

Al anochecer, uno de los guardias se me acercó:

—No puedes estar más tiempo aquí —advirtió—, ya vi que llevas rato nomás parado.

—Ya mero me voy, es que quedé de verme con una ruca, pero me dejó plantado.

—Pues me vale madre, no puedes estar aquí.

Pasé a una taquilla y pedí un boleto al destino más lejano. A medianoche me subí al autobús, donde me dormí de inmediato y no soñé con nada.

Cuando desperté, el autobús seguía en marcha y ya era de mañana. La ventanilla estaba caliente. El paisaje era desértico, no se veían más que piedras y arbustos. Cruzábamos una inmensa cordillera. Unos treinta minutos después paramos en una gasolinera, el único rastro de civilización en kilómetros a la redonda. Una ruca que vendía comida apareció de la nada, le compré tres tortas y una botella con agua. Comí con prisa pues tenía muchísima hambre.

Tres horas después el autobús llegó a su destino, donde todo era distinto. La raza vestía ropa de manta, huaraches y sombreros. Había quienes cargaban machetes en la cintura. Caminé de la central hacia el centro, guiándome por las señales de las calles. Llegué a un quiosco enfrente del cual había algunas mesas en donde varios ancianos jugaban al dominó. Seguía nervioso y aunque no sabía qué iba a hacer me gustó el lugar: el aire era fresco y el silencio tranquilizador. Me senté unos minutos frente a un güey que vendía helados pero no pude estarme quieto y seguí caminando.

A un par de calles me detuve frente a una bodega. Un letrero en uno de sus portones decía: "Se solicita empleado". Ya adentro busqué al encargado, que me dijo que el trabajo consistía en cargar unas cajas enormes. Luego me miró y me dijo que no iba a poder levantar ni media caja.

"Te ves pálido y flaco, da la impresión de que no estás bien de salud —dijo—. Sé de un lavado de carros a cuadra y media que solicita gente, mejor pregunta ahí."

Le di las gracias y seguí caminando.

En el lavado pregunté por el dueño y uno de los limpiadores señaló con un dedo la oficina, donde un hombre obeso y con bigote asomó la cabeza. Le dije que necesitaba trabajo.

—¿De dónde vienes?

—De la capital.

—No eres de la capital, a mí no me haces pendejo. No tienes acento de la capital.

—Usted no me preguntó de dónde era —respondí—, sino de dónde venía —el hombre se rió.

—Me vale madres de dónde seas: necesito a alguien que tenga muchas ganas de trabajar.

Luego le dije que no tenía dónde dormir, que si no sabía de algún lugar que se rentara. Me dijo que, precisamente, atrás del lavado había un cuarto que me podía arrendar. Luego llegamos a un acuerdo: menos la renta, estaría ganando cincuenta pesos al día.

Al poco tiempo me gané la confianza del gordo. Sobre todo porque desde el principio le propuse al encargado del lavado que implementara servicios adicionales, como pulido y encerado. No tenía idea de cómo pulir o encerar un carro, pero le pedí que me comprara los productos necesarios para realizar el trabajo. Puesto que decidí no trabar amistad con los otros cabrones que trabajaban en el negocio, pude concentrarme lo suficiente para hacer el jale lo mejor posible.

Para encerar un auto se requiere mucha paciencia. Es preciso lavar el carro lo mejor posible y esperar a que se seque en su totalidad. La cera con la que se cubre se aplica con firmeza, en círculos. La aplicación circular tiene que repetirse varias veces a lo largo de toda la superficie. Después de una primera capa siguen por lo menos otras dos. La última tiene que practicarse con mayor fuerza, de modo que la carrocería resplandezca al contacto con la luz del sol.

Por los servicios adicionales empecé a recibir buenas propinas y terminé reuniendo cien pesos de ganancia al final de cada día. Por su parte, el encargado estaba más que satisfecho, pues los servicios adicionales también representaban una mayor ganancia para el lavado.

En ese momento mi preocupación se convirtió en vivir con cien pesos diarios. Compraba tortillas, algo de queso, verduras y con eso debía hacer mis tres comidas del día. También cocinaba frijoles y preparaba una salsa rudimentaria con el tomate, los chiles y la sal que compraba en un mercado sobre ruedas que se instalaba los domingos frente al autolavado. Trabajaba desde que amanecía hasta que oscurecía y terminaba agotado, por lo que no me causaba dificultad dejarme caer a la cama y cerrar los ojos.

El problema es que, desde que comencé a matar, difícilmente duermo de corrido. A medianoche siempre me levantan las pesadillas. Recuerdo las caras de algunas de las personas que asesiné o imagino que en cualquier momento un gatillero me hallará en este pueblo de mierda y me matará. Sé que mi cabeza aún tiene precio porque la gente que me quiere matar es paciente y no tiene inconveniente alguno en esperar el tiempo que sea necesario para encontrarme.

Durante los días en que trabajaba en el autolavado me despertaba a medianoche pensando en Medusa y en nuestra criatura, en las familias de la gente que maté, en mi mamá y en mis hermanos, que no sé dónde están, y en la posibilidad de formar una familia. Pero también pensaba que estaba muerto, aunque estuviera vivo. Vivía como si no existiera.

No sé si quiero tener una familia, pero si llego a tenerla, esto es lo que quiero: otra mujer y otro hijo. La vida me ha dado muchas oportunidades, por así decirlo, pero nunca he tenido una familia de verdad. Nunca he sido tratado con amor y la mayoría de las caricias que he recibido han sido de putas. Los buenos deseos siempre los he recibido a cambio de dinero, las felicitaciones a cambio de favores. En mi vida nada ha sido sincero. Me gustaría verme en un futuro compartiendo la mesa con una ruca de neta y con un bebé a quien poder guiar por la vida. Pero la verdad es que si trato de no tener una familia es para que no la maten.

La única razón por la que volvería a matar sería si mi vida o la de mi familia peligraran: si alguien me tiene encañonado y logro desarmarlo. Aun así, extraño ser sicario porque extraño ser alguien, porque extraño no ser humillado como ahora que no tengo dinero ni poder. Al mismo tiempo, no quiero volver a esa vida de dolor. Matar es una experiencia que no me gustaría volver a enfrentar. Quiero dormir tranquilo, despertar cada día sin tener pedos en la cabeza.

Pues bien, regresando a mis días en el autolavado: me sentía de la verga lavando carros después de lo que había vivido. Pero le echaba muchas ganas. Tantas que muchos de los clientes que acudían al lavado solían regresar a la semana y pedir que yo los atendiera. Uno de ellos era un policía federal de caminos. Desde la primera vez que lo atendí entablamos plática y supo que era nuevo. Me preguntó de dónde venía y le dije que de la capital.

—A mí no me engañas —advirtió—, tú no eres de la capital: no tienes acento de chilango.

—Usted no me preguntó de dónde era —respondí como había hecho con el gordo—, sino de dónde venía.

El federal también se rió. Entonces no sabía que era policía, aunque reconocí algo en su persona que me hizo pensar que trabajaba para alguna corporación policiaca. A esos güeyes se les nota en la manera de caminar, muy seguros y campechanos. Los automóviles que llevaba al lavado no eran vehículos oficiales: uno era una camioneta de modelo reciente y marca europea, que cuidaba como si fuera su mujer, y el otro era un auto deportivo y pequeño de marca estadounidense. Dice que en éste paseaba a sus mujeres. Tampoco lo vi con uniforme oficial. Supe que era federal de caminos porque una vez hallé una de sus credenciales en su auto. Luego él mismo me confesó que trabajaba como policía en las carreteras federales, ocupación que lo llevaba a conocer, me aseguró, todo tipo de gente.

—Tengo veinte años como federal de caminos —me reveló un día—, y si algo he aprendido es a conocer a la raza a primera vista. Puedo ver los secretos mejor guardados de una persona nomás mirándola a los ojos.

El federal de caminos me observó fijamente y guardó silencio un momento.

—Por lo menos adivinó que no soy chilango —le dije y me reí.

El cabrón no se rió. Se mantuvo mirándome en silencio.

Un día, cuando aún me faltaba por terminar la camioneta del federal de caminos, llegó un morro fresa al lavado de autos y me pidió que le encerara su carro. El morro me dijo que le urgía, así que con el permiso del federal comencé a encerar su carro mientras dejaba reposar la primera capa de cera de la camioneta del placa. Cuando terminé la primera vuelta del carro, el morro me dijo que qué chingados había hecho:

—El carro tiene un raspón que no estaba antes.

—Estás equivocado, carnal, el raspón ya estaba ahí.

—Estás pendejo, ahora me vas a pagar el chingado raspón. Me vale verga que tengas que trabajar toda tu perra vida para pagarlo —el bato echaba el salivero mientras me apuntaba con el dedo.

—Chingas a tu madre —le dije tranquilo, en voz baja.

—¿Ah, sí? Pinche mugroso de mierda. ¿Cómo vergas vas a hacer que chingue a mi madre? —luego de preguntarme me escupió.

Me quité la camiseta y las cicatrices de balas por todo mi cuerpo quedaron a la vista. Lo tomé del cuello, le di dos golpes en la cara y cayó inconsciente de inmediato. Al verlo en el piso se me secó la boca. Pensé que lo había matado y salí corriendo.

Me detuve a seis cuadras. El cuerpo me temblaba. Sudaba mucho y estaba cagado de miedo. Ya valió verga. Miré a todos lados, seguro de que me estaban buscando para matarme. Seguí corriendo y no volví a detenerme hasta cuatro cuadras más adelante, donde me senté y comencé a llorar. Frente a mí se detuvo la camioneta del federal de caminos, que se bajó, me observó y se mantuvo unos segundos en silencio. Luego me ofreció un cigarrillo que no acepté. Yo lo miraba sin ponerme de pie. Entonces el cabrón me sonrió.

"Desde que te vi supe que no pertenecías a un pinche lavado de autos —aseguró—, no tienes por qué vergas vivir en un cuartucho y ser tratado como una mierda todo el día. Necesito a alguien que trabaje para mí haciendo unos mandaditos y supongo que sabes usar armas —me puse de pie de volada, el cuerpo me seguía temblando—. Te voy a apuntar mi número de teléfono. Márcame cuando te calmes."

Se montó de nuevo en la camioneta y se marchó muy despacio, mirándome por el retrovisor. Cogí el papel donde había apuntado su número. Lo guardé en mi bolsillo.

Al día siguiente huí de aquel pueblo y me fui a otro. Y así. Ahora estoy en otro, más cerca de la sierra, donde también trato de mantenerme ocupado para no dar cabida a los recuerdos. Acá también trabajo de lavacarros, pero me pagan menos feria. Dejar el pasado en el pasado no es algo que se consiga de la noche a la mañana. A veces todavía me toco la cintura en busca de un arma para defenderme de la explosión de un viejo escape que pasa por la calle.

Yo no le pedí a la vida ser sicario. Un camino me llevó a otro y no tomé las previsiones necesarias. Cuando me vi envuelto ya me encontraba muy adentro. Si volviera a nacer o tuviera la oportunidad de cambiar mi vida, escogería otra profesión. Sería un buen abogado, por ejemplo. Me aferraría a cada caso tratando de comprobar la culpabilidad o la inocencia de las personas que me tocara atacar o defender. Eso es lo que realmente haría y lo que me haría feliz. La adrenalina es parte de mí y creo que se puede encontrar en otras formas de vida, no sólo en la del sicariato.

No sé si voy a vivir una eternidad, pero sí creo que pueda prolongar mi existencia durante algunos años. Cuando uno se da cuenta del inmenso poder que llegan a tener los cárteles, observa que no hay plazo que no se cumpla. Un cártel puede esperar mucho más tiempo de lo que dura un gobierno; un cártel suele cazar a su presa buscándola por los lugares menos sospechados. La venganza siempre llega, tarde que temprano.

Después de confesar todas las cosas incluidas en

este libro, he llegado a la siguiente conclusión: el pasado es algo que no puedo borrar.

Sospecho que mi muerte será dolorosa y que mi final no será feliz. Sé que la vida no es eterna, que algún día moriré, que nadie elige la hora, el día o el lugar, pero también sé, algo me lo dice, que mi muerte no será pacífica. Soy consciente de todo el daño que causé y de que estoy viviendo una vida que no merezco, confesándome libremente. No me corresponde, quizá, revelar esto con tranquilidad. Lo que me corresponde, y lo que hago, es prepararme para el día de mi muerte, que pido sea rápida e indolora. A veces quisiera pegarme un tiro, pero sé que no sería una decisión digna: no repararía el mal que hice. Prefiero seguir de pie, buscar sanarme a mí mismo y prepararme para un posible futuro. No será incierto si logro mantenerme de pie y encuentro la fuerza necesaria para seguir adelante.

Creo que hasta el más culero de los asesinos merece una segunda oportunidad. Pero pues sigo sin poder dormir, pensando en todas las chingaderas que he hecho. Todas las noches son mi infierno.

Epílogo

Conocí a Drago a través de una red de personas relacionadas con el narcotráfico que urdí como parte de la investigación para el documental titulado *Confesiones de un sicario*, dirigido por Matías Gueilburt, y en la que también participó el periodista argentino Pablo Galfré. Este documental fue transmitido a finales de noviembre de 2010 por el canal Infinito e incluye entrevistas con tres sicarios mexicanos. Uno de ellos es, precisamente, Drago. Su identidad no ha sido revelada en este libro. En secreto también permanecen los nombres de sus víctimas y el del cártel para el que trabajó de 1997 a 2001. Esto debido a que aún es buscado por miembros de dicha organización con el fin de asesinarlo. Me reuní con él durante mayo y junio de 2010, cada encuentro llegó a durar hasta cinco horas. Acordamos sustituir su nombre real por el de Drago debido a una historia que me contó en la segunda de nuestras entrevistas. En algún momento de su infancia había escuchado el mito de un dragón que descendía a los infiernos, moría y luego resucitaba para rehacer completamente su vida.

Desde mediados de 2002, Drago formaba parte del Programa de Testigos Colaboradores de la PGR, a la que, según dice, ayudó a capturar a algunos miembros del crimen organizado. Sin embargo, a finales de 2009 la PGR le retiró el apoyo económico y disminuyó el operativo de seguridad para protegerlo. Como consecuencia, siempre de acuerdo con su versión, sufrió un atentado en la casa donde estaba arraigado. El ex sicario afirma que se quejó ante la SIEDO. Por toda respuesta, le pidieron que renunciara al programa, al cual dejó de pertenecer a principios de 2010, a pesar de que la PGR no había cumplido con su parte del trato, es decir, cambiar su identidad y mudarlo al extranjero. Drago accedió a hablar conmigo con el fin de denunciar lo anterior.

Para comprobar su identidad, me presentó los documentos oficiales que lo acreditan como testigo colaborador y una credencial del Instituto Federal Electoral que le tramitó la PGR. En ésta se le atribuye como domicilio la dirección de la procuraduría en la ciudad de México.

Sin embargo, las pruebas más contundentes de que Drago es quien dice ser fueron las entrevistas que le hice. Los detalles de sus revelaciones eran minuciosos y nunca cayó en contradicciones. Mostró estar profundamente marcado por la experiencia de haber asesinado. Más de una vez, durante nuestros encuentros, estalló en lágrimas. Mientras narraba un asesinato aseguraba sentir que no podía respirar. A lo largo de esos dos meses, cuatro veces confesó tener deseos de suicidarse.

Durante nuestra primera reunión, a la que llegó vestido de traje, se quitó la camisa para enseñarme las heridas de bala que había acumulado a lo largo de su vida: sobre éstas tenía tatuado un enorme dragón de inspiración china. Yo, mientras tanto, seguí a lo mío: ¿se sentía arrepentido?, ¿por qué?, ¿recordaba a sus víctimas?, ¿tenía pesadillas?, ¿tenía familia?, ¿había pensado en los seres cercanos a sus víctimas?, ¿había pensado en la posibilidad de que sus familiares murieran ejecutados?, ¿creía en Dios o en algún santo?

Con el paso de las reuniones, descubrí que Drago soporta un infierno cuando recuerda que de niño fue abusado sexualmente en múltiples ocasiones, o que su padre golpeaba a su madre después de alcoholizarse. La primera vez que tomó un arma fue a los nueve años de edad, cuando cogió un cuchillo cebollero para amenazar a su padre: "Si sigues pegándole a mi mamá, te mato", le advirtió.

Medios nacionales e internacionales aseveran que hasta mil mexicanos son ejecutados al mes desde que Felipe Calderón asumió la presidencia. Sin embargo, no hay estadísticas que aludan al aparato de violencia física, verbal e imaginada que generan las estructuras familiares, religiosas, mediáticas y gubernamentales. Las heridas de bala que Drago me mostró antes incluso de empezar a hablar son el estigma de la primera herida, la que originó su carrera delictiva: su expulsión, a través de las reiteradas violaciones, del seno familiar.

Los otros dos sicarios a los que entrevisté para el documental creían haber sido perdonados por Dios luego de convertirse al cristianismo. Drago lucha a diario con su pasado. Me dijo que sabe que no merece el perdón de nadie, y me contó que todas las noches tiene pesadillas en las que muere decapitado o sumergido en ácido muriático; en otras aparecen los rostros y las voces de algunas de sus víctimas. El infierno continúa al despertar, cuando se sabe buscado por otros criminales. Su cabeza aún tiene precio. Por eso, desde que salió del programa de la PGR, vive oculto en un pueblo cerca de la costa del Pacífico mexicano.

Drago dijo haber participado en el asesinato de entre cuarenta y cincuenta personas por órdenes de sus respectivos jefes. No reveló el número exacto de ejecuciones, pero aseveró que este aproximado excluía balaceras: enfrentamientos en los que un sicario podía ejecutar "hasta diez o quince personas".

Drago asegura que no quiere volver a matar. Renta un cuarto pequeño con el dinero que obtiene lavando coches. Su sueldo es de cincuenta pesos diarios más propinas. Se ha ganado la estima de su patrón, quien no sabe nada acerca de sus antecedentes.

El sicario cuya voz llena estas páginas es un hombre que a partir de su deseo de "volver a nacer" no puede reconocerse en términos definitivos, esenciales o absolutos. Volver a nacer requiere que los fragmentos que dan sentido a la identidad de Drago se unan y sanen. Este libro, como advertí en las primeras páginas, no pretende emitir un juicio moral. Sin embargo, sí arroja una pregunta: ¿es posible que un sicario se redima?

Glosario

BATO: hombre, un tipo cualquiera, sinónimo de morro o güey.

CALENTAR: violentar a una persona o situación de modo que el equilibrio en el que opera un cártel se altere. Muchas veces calentar una ciudad atrae la atención de la prensa y las autoridades.

DAR PISO: ejecutar a alguien.

FERIA: dinero.

FIERRO: abandonar un lugar o situación, sinónimo de vámonos.

FORRAR: henchirse de dinero.

FUSCA: pistola.

GATO: gatillero de la más baja jerarquía, sinónimo de chalán.

GRAPA: dosis pequeña de cocaína o cristal.

JALAR: trabajar.

MADRINA: aquel que colabora para la policía sin ser policía, muchas veces infiltrándose en la mafia y casi siempre, en palabras de Drago, "haciendo el trabajo sucio" que no hace un policía ordinario.

MALANDRO: criminal.

PANIQUEAR: asustarse.

PASADO / PASONEADO: drogado en exceso.

PESADO: que ocupa un lugar alto en la jerarquía criminal.

PIEDRA: la droga cristal.

PLACA: policía.

RAZA: gente.

RUCA: mujer, muchas veces refiriéndose a la novia o amante.

SALIVERA: sermón inútil.

MALILLA: síndrome de abstinencia del toxicómano.

OJETE: quien traiciona los códigos de lealtad del crimen organizado, culero.

VARO: dinero.

Confesión de un sicario, El testimonio de Drago, lugarteniente de un cártel mexicano, de Juan Carlos Reyna
se terminó de imprimir en febrero de 2011 en
Litográfica Ingramex, S.A. de C.V.
Centeno 162-1, Col. Granjas Esmeralda,
México, D.F.